EL RETAIL
TRAS LA ERA GLOBAL
Una visión más allá del consumo

Pablo Beltrán Valero de Bernabé

Portada creada con el metodo MIMa de TrueBroker.
Dibujo de la portada: Laura Doblado.
Fotografias y gráficas interiores: Marta Beltrán Valero de Bernabé.
Fotografía de la contraportada: Mari Carmen Paniagua.

© Editorial Grupo Cero
© Pablo Beltrán Valero de Bernabé
  Depósito Legal: M-20437-2021
  Impreso por Gráficas Pinares
  pinaresimpresores@telefonica.net
  C/ Buen Gobernador, 24
  28027 Madrid

  Impreso en España

Cualquier forma de reproducción, distribución, comunicación pública o transformación de esta obra solo puede ser realizada con la autorización de sus titulares, salvo excepción prevista por la ley. Diríjase a CEDRO (Centro Español de Derechos Reprográficos, *www.cedro.org*), o directamente a la plataforma conlicencia.com, si se necesita fotocopiar o escanear algún fragmento de esta obra.

EL RETAIL
TRAS LA ERA GLOBAL
Una visión más allá del consumo

*A mi mujer y mi padre, que forman parte de mí.
Agradecido por todo el amor recibido y lo que aprendí de vosotros.*

Índice

Prólogo 11

Introducción 13

Capítulo 1. El deseo 19

Capítulo 2. Tras la era global 33

Capítulo 3. Retail desde las personas 47

Capítulo 4. Ni origen ni especies, evolución sin más 57

Capítulo 5. Genética 63

Capítulo 6. ¿Qué sobredetermina al retail? 69

Capítulo 7. ¿Qué le sucede al retail? 79

Capítulo 8. La empresa 91

Capítulo 9. El marketing 103

Capítulo 10. Marcas y moda 113

Capítulo 11. Canales de distribución, España como ejemplo . 123

Capítulo 12. Online, nada más que otro canal de distribución . 133

Capítulo 13. La burbuja del online 143

Capítulo 14. Centros comerciales como parte del canal de distribución 153

Capítulo 15. Elige tu sendero del bosque 157

Capítulo 16. La era de la creatividad y la revolución de la humanidad 161

Epílogo 181

Bibliografía 199

LA NUEVA ERA DE LAS PERSONAS

Hace tres años tuve la suerte de conocer a Pablo Beltrán. Me lo presentó un amigo común cuando yo trabajaba en la revista Capital. Me dijo que me contaría cosas interesantes, y así fue. Titulé el artículo "El genio de Fuencarral". Resume mi conclusión tras una conversación interesantísima en la que Pablo me desgranó a toda velocidad, que es como él habla, cuál fue su visión para transformar el deteriorado barrio de Fuencarral de mitad de los años 90 en la zona comercial más vibrante de Madrid. Pablo tuvo la visión, la ejecutó y acertó. Es uno de los motivos por los que hay que tener muy en cuenta las reflexiones que avanza en este libro para los próximos años.

Pablo habla de que la próxima era será de las personas o no será. Reniega de la globalización, que afirma que está claramente a la baja, y apuesta por el futuro de la innovación y la creatividad al servicio de cada cliente. Quien quiera conquistar a los consumidores deberá tener unos valores con los que atraerles, entre los que se encontrará la sostenibilidad, pero deberán ser unos valores bien asentados en el interior de la empresa, creíbles y coherentes. Nada de humo.

El libro de Pablo recoge algunas afirmaciones muy duras que condensan el drama actual del retail: "Ir de compras se ha convertido en algo muy aburrido" (página 82); "Hemos puesto a las personas en el centro, pero con las mismas palabras y técnicas del pasado" (página 76); "Al retail no le ha pasado nada en los últimos veinte años, y ese es su problema" (página 80).

Al mismo tiempo apunta algunas vías de escape para decepcionar a los apocalípticos: "Ni los robots ni la inteligencia artificial pueden acceder a un universo tan rico como la mente humana" (página 45); "Las marcas no necesitan más online y tecnología, sino pensar distinto: pensar el retail desde las personas" (página 122).

Hace además algunas afirmaciones que sorprenderán a más de uno. Habla de una burbuja del comercio electrónico que puede estallar en ocho-diez años y piensa que puede ser mayor que la de la crisis financiera de 2008. Sostiene que hay también una burbuja de la sostenibilidad, aunque cree que llegará a implantarse como un valor importante. Entra en polémica y no deja indiferente, pero lo mejor es el apasionante panorama que plantea por delante. Piensa que "todos los seres humanos somos muy parecidos, pero el 1% que nos diferencia marca la gran diferencia" (página 170); que, como decía Walt Disney, "los problemas críticos pueden y serán resueltos por personas creativas o soñadoras y emprendedoras" (página 172); que "estamos ante el retorno al barrio, al entorno próximo y a buscar la protección de las pequeñas comunidades" (página 187), y que "el trabajo es infinito: se construye con trabajo y deseo. Cura y alarga la vida. Es esencial en el ser humano" (página 176).

En definitiva, Pablo plantea que salir adelante depende de nosotros: de que actuemos con el modo propio del ser humano, aplicando la inteligencia para resolver los problemas, trabajando duro, sirviendo a la sociedad desde nuestra creatividad única y defendiéndola con sentido crítico frente a los que pretenden, como el populismo, anular esa iniciativa individual y como consecuencia empobrecer a la sociedad y a los que viven en ella.

Hay una sola cosa en la que discrepo de Pablo, y es en traer la afirmación de Darwin de que los hombres y mujeres no somos los elegidos de Dios, sino una más de las múltiples criaturas. Yo sí creo que somos los elegidos de Dios, y que quiere que seamos muy felices participando de su labor creadora a través de nuestro intento de trabajar bien. Me parece que está entre las cuestiones que más realiza al hombre, y que si se lleva a cabo con la voluntad de servir a las personas, crea una sociedad mejor. Creo que en este terreno no estoy muy lejos de lo que piensa Pablo, y quizá al final de la lectura de este gran libro, de lo que piensen ustedes.

Jordi Benítez
Director de Corporate
Ex-director de Capital

desarrolló en los 250 años de revolución industrial, de la democracia y el capitalismo.

Siento una inmensa necesidad de agradecer. Todo, absolutamente todo lo que tengo y he hecho, es gracias a otros. ¡Cuánto necesitamos los seres humanos a otros seres humanos! Porque estamos en una continua transformación en la que, a nuestro trabajo, se suma todo el amor y el trabajo generoso de otros.

Agradezco a mis mayores y a las generaciones previas que hicieron posible para mí la suerte de nacer en un país como España, lleno de posibilidades. Hay muchos que, sólo por nacer tras una frontera, no tienen acceso a las mismas oportunidades, y deseo sumar para cambiar eso.

¡Cuántas personas desde niño, me han ayudado sin darme cuenta! Pacientemente, toleraron mis errores y me ayudaron sabiendo que estaba haciendo un camino que ellos hicieron antes. Gracias por vuestra paciencia.

Mi gratitud para los autores y maestros que he leído y escuchado, y que tan generosamente se exponen a la crítica al compartir en sus libros y presentaciones su saber hacer para inspirar a otros.

Quiero agradecer a Jordi Benítez el habernos prestado su ayuda y dado voz desde el inicio, además de haber prologado este libro. De tu ejemplo he aprendido que se puede discrepar mucho ideológicamente y, sin embargo, es fácil alcanzar un consenso cuando quienes lo hacen son buenas personas.

Toda mi gratitud para mi madre, María del Carmen Valero de Bernabé. Gracias, madre, por apoyar mis decisiones, y por sumar esa frase de "adelante, hijo, adelante, no dejes que nada te detenga".

Agradezco a don Miguel Oscar Menassa, uno de esos talentos que pocas veces tenemos la suerte de conocer, su generosidad con la raza humana y el haber creado una escuela pensada para acompañar a las personas en su camino de vida, animándolas a que cada uno cree su propio universo.

Y quiero agradecer a mi maestra, Magdalena Salamanca. Sin ella no me habría sido posible hacer este camino que comenzó hace casi 5 años. Gracias por tu ayuda, la paciencia, y todo el tiempo que tan generosamente me prestaste.

Estoy agradecido por la vida que estoy viviendo, y me gustaría deciros a vosotros también; "Adelante, siempre adelante, no dejéis que nada os detenga".

CAPÍTULO 1.- EL DESEO

El ser humano desea deseos ¿Y qué es lo que desea? Pues no lo sabe, sólo sabe que desea.

Por eso existen empresas y empresarios que inventan productos capaces de atrapar esa necesidad deseante del ser humano para convertirla en consumo.

Lo que mueve al ser humano es el deseo, por eso existe una evolución continua que producimos nosotros por nuestra acción, movida por ese deseo constante. Cuando una persona deja de desear, y de ser deseada, pierde la ilusión, que es el motor que hace que vivamos, y termina por morir.

El deseo es vida en estado puro en el ser humano.

Esa necesidad de desear en todo momento es la que hace que en el comercio minorista (retail) digamos que a las personas hay que ofrecerles constantemente cosas distintas, por las que el ser humano siempre está dispuesto a gastar un poco más.

Ese poco de más hace que las empresas que producen esos productos, tengan en realidad un aumento porcentual de beneficio muy grande, siendo la industria más fuerte y rica la que adquiere las mejores posiciones estratégicas de los canales de distribución, capaces de adquirir a otras empresas y sectores.

Los productos que más venden son los que más despiertan o capturan el deseo de las personas, y los que despiertan más nuestro deseo son los que están en la parte más alta de nuestro estado evolutivo.

Tanto una necesidad fisiológica como un deseo son necesidades en el ser humano. A partir de ahora, llamaremos necesidades a aquellas que responden a cuestiones fisiológicas en el ser humano y pertenecen a su esfera primaria, es decir, las más primitivas. Así, los productos en el retail que colman necesidades responden a cuestiones primarias, de subsistencia: comer, dormir, asearnos, reproducirnos, curarnos…

Y a las necesidades psicológicas las llamaremos, a partir de ahora, deseo.

A medida que evolucionan las sociedades, debido a que somos seres deseantes que deseamos deseos, se va desplazando el eje de la evolución a la derecha haciendo que productos que antes respondían a deseos se coloquen a la izquierda del eje, pasando a formar el conjunto de productos básicos. Son aquellos productos que, sin ser primarios, tampoco tienen ya una alta capacidad de despertar el deseo de las personas. Esto es lo que le está pasando a las marcas y la moda, que al evolucionar la sociedad han perdido capacidad de despertar el deseo de las personas, y se convierten en algo más de conveniencia y precio, donde es difícil competir con el online.

Así, el ser humano tiene dos esferas: a la izquierda del eje de la evolución, la suma de productos primarios y básicos, que tienen poca capacidad de despertar el deseo en el ser humano; los productos a la derecha de dicho eje evolutivo responden al universo de nuestros deseos.

Al formar parte de un todo, todo está contenido en nosotros a la vez, así la totalidad de los productos que consumimos, al ser productos creados por nosotros, tienen una parte física y otra psíquica, porque va con nosotros esa esfera, no con lo que consumimos.

Participan a la vez, aunque en proporciones y cantidades distintas. Porque todo en el ser humano es una cuestión de cantidad.

Los objetos despiertan un deseo en nosotros porque va con nosotros la necesidad de desear, así un plato de lentejas o un libro en Amazon o unos vaqueros de Louis Vuitton comprados Online despiertan un cierto deseo en nosotros, pero muy débil y poco duradero. Existe deseo, sí, pero con menos fuerza, tiempo e intensidad.

Las marcas en general y la moda en particular siguen despertando deseo, sí, pero menos que antes, de ahí que la nueva apertura de una tienda tiene un pico menos alargado en el tiempo en ventas. Antes, la apertura de una tienda nueva de Zara le llevaba a tener 5 años de superventas porque la gente no dejaba de venir una y otra vez, repitiendo, porque despertaba mucho nuestro deseo. Pero, hoy en día, ese pico decrece seguramente en un año. Despierta deseo, pero menos intenso y menos duradero en el tiempo, y eso se traduce en ventas. No es, por tanto, cuestión del online, sino que no han evolucionado de forma que permita mantener vivo el deseo en las personas.

En cambio, aquellos productos que estén en la parte más elevada de la evolución de la sociedad, se harán tan fuertes que estaremos dispuestos a grandes esfuerzos por alcanzarlos.

Un ejemplo de esto es el Centro Comercial La Illa, en Barcelona, o Les Terraces en Marseille (Marsella). Despiertan el deseo con tanta fuerza que, a pesar de las grandes limitaciones y barreras físicas urbanísticas y arquitectónicas para atraer y transformar a personas en consumidores, lo que ofrecen hace que la gente venga de lugares muy lejanos. La Illa ofrece algo nuevo que nadie más ofrece y que se esconde en la planta -1: el mercado y hostelería.

Lo mismo sucede con el arte como elemento que despierta el deseo en el Miami Winwood; con la singularidad en Filtmore St. en San Francisco; con lo participativo en el Centro Comercial Intu Asturias; la arquitectura en el Centro Comercial Les Terrasses Marseille; con la identidad en el casco urbano de Palma de Mallorca; la oferta diferenciada en el barrio de Londres Barrio Vintage.

Consumir, vender, consiste en despertar el deseo, capturar el deseo latente del ser humano con la mayor fuerza e intensidad posible. La parte aspiracional de la que hablamos no es ni más ni menos que deseo y ego en esencia.

Pero ¿qué le sucede al deseo en el ser humano? Pues que está reprimido y a mayor edad, por lo general, mayor represión de ese deseo. Por nuestra necesidad aspiracional de ser aceptados por los otros, por el qué dirán, por la moral, etc…, vamos creando barreras represoras en nosotros que hacen que nos convirtamos en verdaderos buscadores de excusas a la hora de mostrar por qué consumimos determinadas cosas.

El retail no es la suma de centros comerciales y productos, sino que es la excusa que usamos los seres humanos para alcanzar lo que de verdad deseamos y que, en la mayoría de las ocasiones, se oculta incluso para nosotros en nuestro inconsciente.

Por lo general, las definiciones que tenemos del retail son, casi todas, mirando desde las marcas a las personas y, así, hablamos de productos o empresas que satisfacen necesidades, o nos hablan de vender al detalle, o del trato con las personas.

Puesto que estamos apostando por un retail desde las personas, nuestra definición es que: "El retail es la excusa que usamos para relacionarnos socialmente".

Porque ante todo somos seres sociales. De este modo, llamaremos a los consumos a la izquierda del eje evolutivo CONSUMO PRIMARIO (suma de los primarios y básicos que responden a necesidades más fisiológicas), y los que se hallan a la derecha del eje evolutivo, CONSUMO SOCIAL, que responden al universo del deseo.

Así, el deseo sexual en el hombre y el deseo de la mujer de una pareja que le permita un alto status social para sus descendientes, es lo mas primitivo en nosotros y, por mucho que nos neguemos a aceptarlo, está ahí y nos gobierna. A las personas no van y les dicen: "Tarzán gustar Chita", pero en cambio adquirimos productos como excusa, que nos permitan conseguir lo que de verdad deseamos.

Al consumir, nos emocionamos y eso nos recuerda un sentimiento que teníamos asociado a un recuerdo y a un elemento (producto, marca, lugar). El producto nos despierta el deseo y lo satisface al consumirse, y así surge el deseo de volver a sentir ese sentimiento que nos es gratificante de alguna forma y queda grabado en nuestra mente.

El deseo en el ser humano está desplazado, y el producto responde a ese deseo desplazado permanentemente del ser humano. El deseo en el ser humano se contagia, por eso hay un refrán que dice "culo veo, culo quiero", hecho que hoy los neurólogos han demostrado a través de lo que han llamado neuronas espejo.

El deseo es contagioso y muy fuerte, es lo más fuerte en el ser humano y, gracias a ser seres deseantes, evolucionamos. La evolución transforma los productos en los que vamos depositando nuestro deseo.

Como acabamos de ver hasta este punto, tenemos una esfera física que hasta ahora pensábamos lo representaba todo cuando hablábamos de producto. Incluso la corriente más reciente del marketing nos hablaba de cuestiones no físicas, como atributos o el status, para describir al producto, muy lejos de afirmar que, intrínsecamente, los productos son productos psíquicos, aunque ya comienza a haber en otros campos, como la economía, esa misma visión de ángulo que damos al producto, a cuestiones tan supuestamente racionales en la toma de decisiones y analíticas como la economía, como el reciente Premio Nobel de Economía, Daniel Kanheman, psicólogo.

Somos un todo sin división alguna, no sólo dentro de nosotros, sino más allá de nosotros y entre la sociedad, a través de nuestra mente, que se extiende a la relación con los otros y el entorno y, bajo este paradigma, voy a tratar de explicar en mi opinión qué es un producto, para volver a él, tras acabar, y poder rematar mi visión de los productos.

Pues bien, no existen realmente productos primarios, básicos o sociales, o emocionales o racionales, o esferas físicas o psíquicas, sino que intervienen todas a la vez en distintas proporciones, ya que somos un todo y nuestro todo interviene a la vez.

Toda compra, todo consumo, todo producto, tiene una esfera en la que interviene la parte física y la psíquica; la primitiva (animal) y la humana; la primaria y la social; la emocional y la racional.

Aun en aquellos productos que no son físicos, interviene una esfera en nosotros en representación de esa esfera física, ya que, si existe en nosotros una parte física materializada en nuestro cuerpo, tiene que existir esa esfera en la toma de decisión, aunque compremos un servicio, por ejemplo, un viaje. En algún momento nos emocionaremos y se nos erizará la piel. La emoción es una representación física de nuestro cuerpo: se nos eriza la piel, nos sudan las manos, nos recorre un escalofrío al pensar en el viaje que vamos a realizar o sentiremos el agua caliente del caribe en nuestra piel al adentrarnos en el mar en aquel viaje... Luego va a haber una parte física, aunque el producto que adquiramos no lo sea porque, aunque le llamemos servicio, sí que tiene una esfera física. Y existe en toda emoción un sentimiento anexo, que es algo psíquico; la emoción es física y el sentimiento es psíquico, simplificando mucho la diferencia.

Ya os adelanto que, ni los neurocientíficos más relevantes, nobeles, han sido capaces de saber qué es exactamente una emoción y qué un sentimiento, así que prefiero hacer una descripción muy simple de ellos, y sigo en la investigación sin darle mucha importancia, porque lo que de verdad manda en nuestros consumos es nuestro inconsciente.

Del mismo modo sucede con la parte racional, que es la menos presente en nuestras decisiones, ya que, para que sean realmente racionales, se requiere de un autoconocimiento de nuestro inconsciente, cosa que no es posible de alcanzar de forma plena el 100% del tiempo de nuestro día a día. Luego hablamos de que somos principalmente emocionales (aunque lo correcto es decir psíquicos, no olvidar que los animales también tienen emociones) y que la mayoría de nuestro universo en el consumo lo es desbancando la antigua teoría de que nuestras decisiones son racionales y físicas.

Así pues, definiremos a los productos como primarios o sociales, o como físicos o psíquicos, o como primitivos o evolucionados, como emocionales o racionales, pero es todo eso a la vez, porque somos un todo, sólo que cambian en su composición y combinación, unos con más contenido primario, otros más básicos, otros más primitivos.

No todos percibimos las cosas de la misma forma, ya que

esa percepción está condicionada por nuestro inconsciente, que activa el entorno y nuestra constitucción personal psíquica. Así se nos dice que somos como nos perciben, es decir, psíquicos.

Por tanto, los productos son un todo, pero son ante todo productos psíquicos, ya que recogemos mucha información inconsciente del entorno que afecta nuestra percepción, tanto en nuestra construcción personal, como en nuestro entorno y con los otros. Lo transformamos y leemos según nuestro propio lenguaje psíquico, que es distinto para cada uno, ése que hace que una botella curva roja de coca cola nos represente cosas distintas según la persona o que interpretemos (es decir, asociemos inconscientemente) de distinta forma el Just do it de Nike.

En consecuencia, debemos saber cuando en el retail creamos un producto, que éste debe entenderse antes que nada en su representación psíquica.

En nuestra parte más universal, es decir primaria, el sexo y el dinero son lo mismo, están estrechamente ligados. Los primates eligen a la hembra por el sexo que ésta le puede dar, el sexo es lo que mueve el deseo más universal del macho. Las hembras, por el contrario, buscan al que les pueda dar una buena estirpe y mantenerlos, donde el dinero en nuestros días es la representación más clara de esa capacidad del hombre para con la mujer.

Robin Dumbar nos cuenta que el hecho de ser monógamos era para asegurarse los primates el sexo, y que la razón de ser sociales era protegernos de ser matados por otras tribus que intentaban quedarse con los alimentos y las hembras. Y todo ese aprendizaje está en algún lugar primitivo de nuestro cerebro, ya que fuimos monos y somos primates.

Por eso abundan los anuncios donde el contenido sexual

o económico es el eje de la comunicación, ya que se ha demostrado su eficiencia.

Así, el contenido psíquico es dominante en el consumo, tanto en la transmisión de la información como en su recepción. Su transformación interior según un lenguaje personal, hace que todo en el ser humano sea psíquico, y por tanto los productos, aunque creamos que son físicos, son productos principalmente psíquicos.

El producto es según lo construyen y recuerdan las personas en su universo interior. Por tanto, debe el retail entender que hemos consumido una etapa y que necesitamos ahora descubrir qué representan nuestros productos para las personas en su esfera psíquica, y cómo construirnos psíquicamente en cada lugar, si de verdad queremos poner a las personas en el centro de la escena. Para mí va de esto, en lugar de seguir empleando técnicas muy versadas sobre lo cartesiano, lo físico, lo cognitivo y la consciencia en el comercio minorista (retail).

Pero, a la vez, ha sucedido que hemos pasado psíquicamente como consumidores de un mundo de consumo global a un regreso a la protección de las pequeñas comunidades.

En nuestro estudio comercial de España y Europa, se puso de manifiesto cómo hay marcas que tienen distinta representación y, por tanto, distinto valor según el lugar donde se hallan.

Así, en Francia encontraba a Lacoste en centros comerciales de productos primarios, es decir, de supermercado y productos de la cesta de la compra, incorporado como un básico, mientras que en España sería impensable porque Lacoste representa cosas muy distintas. Fue aspiracional durante mucho tiempo y goza de un cierto status, lo que hace muy difícil que sea adquirido junto a la cesta de la compra de alimentos, ya que su compra se produce en momentos psíquicos muy distintos para un español que para un francés.

Veíamos a todas las marcas low cost, de bajo precio del grupo Zara, H&M, Cortefiel, etc... en los nuevos centros comerciales del presente de productos primarios engrosando la gama de básicos que antes se consumían dentro de las superficies de alimentación en su apartado de ropa. Estas marcas andan por una delicada línea roja que las puede llevar a menguar hasta el hueso, si no consiguen reconfigurar sacando el producto de la gama de básicos o, por el contrario, se convierten en el n.º1 mundial del básico precio. En la etapa anterior, primaba el número de metros cuadrados de ventas que adquiría una marca, ya que se pensaba que el consumo de una marca dependía sobre todo del diseño, el precio y el número de metros cuadrados, pero hoy sabemos que ha habido una evolución.

Colocar el producto asociado en los lugares de productos básicos hace que se construyan en la mente del consumidor como básicos, a los que la venta Online ataca con fuerza y facilidad porque carece de gran valor psíquico (es decir, de capacidad de despertar el deseo). De esto va la revolución del retail del presente, que no del futuro.

En Alemania vimos cómo la marca Massimo Dutti, que en España está considerada como una marca de nivel medio-alto de hombre clásico, moderno ejecutivo, en Alemania estaba implantada en la mayoría de ciudades en la calle donde se hallaban las marcas de lujo, y por tanto psíquicamente representa la marca algo muy distinto para un alemán que para un español, que la encontrará sólo en calles de precios más bajos, ya que en España el consumo de hombre es muy bajo, mientras que en Alemania el consumo de hombres es posiblemente el más elevado de toda Europa, ya que la gran atomización de las empresas y la gran riqueza económica de todo el país hace que haya un número muy elevado de empresarios pequeños con mucho dinero que gastan mucho en la moda, como en España lo haría una mujer. Por tanto, eso permite una implantación de la marca con un significado psíquico distinto: psíquicamente un hombre alemán es un consumidor, diferente al comportamiento de los españoles.

Así en las principales marcas y tiendas alemanas, los escaparates dedicaban sus mejores espacios en muchos casos a los hombres, y hasta la mejor parte comercial dentro de las tiendas, cediéndoles en algunos casos (que nos llamó la atención) la planta calle, relegando a la mujer al sótano o 1.ª planta, algo en España impensable.

El retail y la moda van camino de una clara atomización, porque están necesitados de adaptarse a lo peculiar de cada lugar, a las personas de cada lugar que tienen construcciones psíquicas y leen mentalmente los productos de forma distinta y, por tanto, necesitamos un mensaje adaptado a cada lugar.

Recuerdo la escena en una tienda de Porsche Design de ropa en Dusseldorf, donde la oferta comercial de lujo es muy importante. Una familia comprando, mientras yo observaba y me probaba el producto para entender y conocer la marca en profundidad. El marido, coqueto como he visto a pocas mujeres, se probó todo y su mujer le acompañaba ayudándole a elegir la ropa, en la que ella parecía a ratos un poco cansada, mientras los hijos deambulaban, y él se tomaba la tarde de compras de moda. Exactamente esta descripción la suelen hacer en España al revés, la mujer comprando y el marido, al lado, aburrido.

También nos cuentan que el gran consumidor de la industria del lujo es el hombre. Esto es una demostración de la sociedad en la que vivimos, que se ve claramente en los hábitos de compra de moda mujer versus hombre, y cómo hay cambios sociales muy claros de reposicionamiento de la mujer que, por fin, está empezando a desenmarañar que ella también puede, si quiere, y por tanto está cambiando el perfil de consumo de mujer y hombre en algunos productos.

Pero es que estos comportamientos son distintos para ambos sexos en cada país, en cada sociedad, y el retail no lo ha sabido recoger, porque lo global se ha hecho impermeable a lo peculiar de cada lugar, y las empresas globales, para subsistir, o luchan por ser uno de los pocos que queden a la izquierda del eje evolutivo ligado al precio, o pasar a la derecha usando parte de lo global adquirido para propulsarse y adaptarse a lo peculiar de cada lugar.

Por tanto, debemos tener cuidado con los estereotipos que dicen que la mujer dedica mucho tiempo a ir de compras y comentar con las amigas, yendo varias veces a probarse la ropa hasta elegir, mientras que al hombre le gusta entrar y comprar rápido, cuando se trata de moda. Bueno, pues el hombre hace lo mismo que la mujer con la moda cuando se trata de consumir gadgets o tecnología.

No es verdad que el hombre no haga lo mismo, sólo que no nos hemos ocupado de ofrecerle algo que despierte su deseo. Si en lugar de la moda le das tecnología, gadgets, aventura, deporte, coches... se comporta frente a ese producto sociológicamente muy parecido a cómo describen los expertos que se comporta la mujer con la moda. El problema es de los estereotipos en el estudio de datos y mercados.

El hombre es capaz, como la mujer, de hacer compras dedicando mucho tiempo, al igual que el hombre compra más lujo que la mujer, o que el hombre en Alemania gasta más en moda que el hombre en España. Lo que lo hace distinto es lo que representa ese producto psíquicamente para nosotros, ya que todo, al final, es una elección personal, y por tanto la marca y el promotor puede actuar consiguiendo mejores ventas, no llegando al individuo, sino a algo más universal y transversal: al deseo.

El consumo se contagia como mancha de aceite a causa del deseo que se despierta, hace que las personas que están con nosotros, a nuestro lado, también se contagien de nuestro deseo y se active en ellos el mismo tipo de perfil de consumidor.

Por ejemplo, cinco amigos de toda la vida desde el colegio, juntos una vez al año un fin de semana: uno empieza comprar unos pantalones blancos, unas gafas de sol de color ácido y unas chanclas, todas de marcas muy caras. Los amigos no tienen dinero para comprar en Louis Vuitton, pero sí en Zara o Mango Men, así que entran y empiezan a ver pantalones cortos de color ácido como las gafas (consumo lateral del pantalón y las gafas de sol), una gorra para el sol (lateral de las gafas) y unas deportivas ligeras de plástico para la playa (consumo lateral de las chanclas).

Cuando Steve Jobs comenzó con Apple, ¿qué hacía? ¿responder a necesidades? No, lo que hacía era despertar el deseo de los consumidores por un producto que ni siquiera pedían o deseaban. ¿Para qué un iPod? Ellos ya tenían su música, pero él despertó su deseo, hizo que la gente no pudiera vivir sin ellos, como cuando lanzó el iPhone mundialmente, no existía la infraestructura ni la tecnología necesarias para darle soporte. Para atender a la velocidad que necesitaba la revolución tecnológica tenía que romper la ley de Moore. Lanzó un aparato para el que aún no se había creado la tecnología suficiente sobre la que cabalgar.

Por eso Steve Jobs decía que al consumidor no había que preguntarle qué quería, había que darle productos. No sé si él lo sabía, pero se refería a la diferencia entre necesidad y deseo.

Lo que nos mueve a consumir es el deseo, hemos dicho, y el deseo se despierta y se crea, y transforma, desde el momento de su aparición, el significado psíquico de los productos.

El deseo cambia por completo el significado de los productos, porque es el verdadero motor del consumo que usamos como excusa para sacar lo que inconscientemente llevamos dentro.

Ésta es la causa de la gran oportunidad con la que se encuentra el retail.

CAPÍTULO 2.- TRAS LA ERA GLOBAL

El pensamiento es fruto de la suma de la visión y de la interacción con el pensamiento de otros individuos. Se alimenta dentro de una sociedad, se crea y no es individual, es inconsciente y grupal. Somos una raza que está interconectada, que se transmite el pensamiento de unos a otros, a través del lenguaje y la escritura.

Aprendimos en la universidad que la gráfica de arriba representaba la vida de un producto o empresa. Los innovadores, la masa y los consumidores tardíos. Para mí es también la radiografía de la curva de la vida de las líneas de pensamiento.

Como bien explica Robin Dumbar, somos primitivamente seres sociales para protegernos de la invasión de otros grupos, que deseaban quitarnos la comida y las hembras, y que ponían en riesgo nuestra vida. Eso ha construido en la parte más primitiva de nuestro cerebro comportamientos inconscientes que están prediseñados en nosotros porque necesitamos de la sociedad para sobrevivir.

Así, cuando en nuestra sociedad una línea de pensamiento se amplifica por alguna razón, la seguimos sin cuestionarla, como consecuencia de ser seres sociales y necesitar de la sociedad para subsistir. Esto provoca que esa línea de pensamiento sea impulsada por la sociedad que no la cuestiona, y por tanto crece por encima de su verdadero valor. Hasta que sucede algo que la pone en evidencia, provocando su caída como línea de pensamiento dominante con más fuerza de la que le correspondería, de nuevo impulsada sin cuestionarla por la misma masa que lo alzó, hasta tocar fondo para tomar su posición final en la sociedad.

Ésta es la curva de vida de las "líneas de pensamiento", y por eso tenemos modas y burbujas.

Toda línea de pensamiento llega un momento en que toca la cota más alta de su burbuja, antes de contraerse y esto es así con todas las líneas de pensamiento, por el hecho de ser seres sociales y por estar influenciada inconscientemente nuestra respuesta.

Es bueno entonces preguntarnos en qué punto de su curva de vida se halla cada línea de pensamiento, y tomar decisiones teniéndolo en cuenta para poder darle un peso específico y relativizar nuestro análisis.

Por ejemplo: ¿en qué punto de su curva de vida se halla la línea de pensamiento del Online?

Es con el conjunto de líneas de pensamiento que identifican nuestra sociedad con las que nos debemos identificar, a su vez, si queremos ser aceptados por la sociedad y recibir su protección.

Una ideología está formada por un conjunto de líneas de pensamiento y tiene entre ellas una dominante, que es la que sobredetermina todas las decisiones que en esa sociedad toman gobiernos, empresas, familias y personas. Es inconsciente, la ideología nos guía en nuestra toma de decisiones por el mero hecho de pertenecer a ella, queramos o no. La ideología nos viene dada desde fuera y nos maneja, no es algo nuestro, como piensan los seres humanos, fruto de nuestro pensamiento, consecuencia de nuestra libre elección.

A su vez, la ideología procede de algunas de las líneas de pensamiento de las muchas que integraban una ideología anterior, a la que se suman nuevas líneas de pensamiento. La ideología de hoy no podría existir sin la de ayer y ésta, a su vez, sin la de anteayer. Y así hasta el origen más primitivo de la vida. Las ideologías se descomponen en líneas de pensamiento, que son a su vez herederas de otras líneas de pensamiento.

De ideología en ideología, unas líneas de pensamiento del pasado se conservan y permanecen, algunas desaparecen y son sustituidas por otras nuevas que aparecen. El final de algo es siempre el comienzo de algo mejor, y las ideologías con sus líneas de pensamiento van evolucionando, como todo en el ser humano, sin poder ponerle un principio o un final concreto.

Desde que se inició la revolución industrial, hacia el 1750, comenzó de forma inconsciente a construirse una nueva sociedad, donde la línea de pensamiento dominante era la económica. La mayoría de las decisiones que se tomaban en los gobiernos, empresas y familias, estaban sobredeterminadas por lo económico. De ahí que durante estos más de 250 años de Revolución Industrial (1750-2008), la industria y estructuras financieras hayan sido de las más ricas y hayan dominado la vida de la sociedad y su forma de pensar.

Pero la revolución industrial se acabó en 2008, porque comenzó a hacerse dominante una nueva línea de pensamiento. Un síntoma de ello es la contracción y crisis que vive desde el 2008 el sector financiero y la pérdida de valor del dinero, que ha llevado a la banca a perder su principal fortaleza de ingresos y a caer en picado su cotización bursátil, que es consecuencia del fin de la era global y la forma de pensar de la revolución industrial.

Lo que está sucediendo es que se están deshilachando las líneas de pensamiento de la revolución industrial y de la era global, que nos gobernaban desde fuera de forma inconsciente en las miles de pequeñas tomas de decisiones que hacemos cada día. Eso es lo que provoca que, inconscientemente, ahora valoremos más otras cosas, y ésa es la causa de la caída de las ventas de moda, marcas globales, bajo precio… porque éstas son líneas de pensamiento de la revolución industrial y la era global. Por tanto, su contracción y pérdida de valor no se debe a la aparición del online, sino a la transformación de la forma de pensar, de las líneas de pensamiento dominantes a otras nuevas, tras la era global.

No es una casualidad que, a consecuencia de la crisis del 2008, el dinero haya perdido su valor. ¿Cuánto vale el dinero hoy en día? Me resulta difícil de responder, pero desde luego basta con ver el precio del dinero que nos dictan los propios mercados financieros, y qué interés te pagan los bancos por tu dinero, que ha llegado hasta a estar en negativo, para saber que ha perdido su valor. Esto es, en mi opinión, una consecuencia del fin de la revolución industrial y el fin de su línea de pensamiento dominante: la económica.

La Revolución industrial (desde 1750 a 2008) definida desde las líneas de pensamiento dominantes en el ser humano, se descompuso en tres eras que representaban tres líneas de pensamiento dominante en la mente del ser humano: la industrial, la de las naciones y la global.

Todas ellas, a su vez, bajo la línea de pensamiento dominante de la revolución industrial, la económica, que sobredeterminaba todas las decisiones que tomaban los gobiernos, empresas y familias:

1.- Era Industrial, desde 1750 a 1850. Su línea de pensamiento dominante era la producción fabril.

2.- Era de las Naciones, desde 1840 a 1950. Su línea de pensamiento dominante era la construcción nacional.

3.- Era Global, desde 1950 a 2008. Su línea de pensamiento dominante era el libre comercio, llevando al éxito como consecuencia de la línea de pensamiento dominante a empresas orientadas a lo global y a EEUU al liderazgo mundial.

La descripción de las etapas de nuestra sociedad y lo que le ha sucedido a ésta, la hago desde la esfera de la mente del ser humano, ya que hasta ahora se había descrito desde la esfera de las empresas o la economía, puesto que lo hacíamos imbuidos en esa línea de pensamiento dominante económica, guiados inconscientemente por el pensamiento económico.

El lenguaje es determinante en el ser humano, pues nos da acceso a través de él a capacidades increíbles. Para evolucionar deberemos usar nuevas palabras, ya que, de lo contrario, nuestra mente no es capaz de crear nuevas soluciones y no seríamos capaces de llevar a cabo esa evolución que necesita nuestra sociedad. Por eso me he decidido, ya que decimos que ahora las personas estamos en el centro de la escena, a definirlo desde las personas y nuestra mente.

La línea de pensamiento dominante durante 250 años de revolución industrial, la económica, estaba representada por dos escuelas antagónicas; capitalismo y comunismo, que confrontaban entre sí equilibrándose, y que se necesitaban la una a la otra para existir. Eran ambas partes de un mismo todo.

El ser humano está lleno de contradicciones, y esta esencia se muestra en la contradicción ideológica y su continua confrontación.

Al empezar a caer el comunismo, hace 40 años aproximadamente, simbolizado por la caída del muro de Berlín, el pensamiento comunista poco a poco fue desapareciendo de la mayoría de las conversaciones como escuela de pensamiento. Con él también desapareció el equilibrio del que habíamos gozado como sociedad. Así fue que, cuando cayó el comunismo, empezó a caer el capitalismo como lo conocíamos.

Se empezaron a tomar millones de pequeñas decisiones: en la barbacoa del domingo, en el comité de empresa del lunes... Y llegamos a un capitalismo voraz, que nos llevó a una imposición de la ideología e intereses del capital, por encima de las personas, y de cuya mano ha hecho el camino la globalización estos 40 años, que es a su vez el periodo de mayor auge económico del imperio norteamericano. El capitalismo voraz es consecuencia del desequilibrio que necesitaba ideológicamente el ser humano como raza para mantenerse en marcha, y el capitalismo voraz es el estertor final que, como tantas cosas, antes de morir, sobre reaccionan en su defensa acelerando así su propia desaparición final.

El interés del capital, es decir, la rentabilidad, dominaba cualquier decisión, y con ello el de la gestión de la inmediatez. El de la retribución a corto, y con eso se destruyó una parte importante de la creatividad y la innovación, verdadero generador de la riqueza y las empresas del retail. El balance de las empresas sanas no es anual, requiere invertir parte de los beneficios en investigación e innovación, y la visión del beneficio a corto de los gestores, exigidos por el rendimiento, fue en contra del de las empresas innovadoras, y de su mano entramos en la lucha del precio, que impulsó a toda la industria del retail a la situación en la que se halla ahora, no por el online, sino por el fin de la línea de pensamiento de lo global.

En mi investigación llegó un momento en que dejó de sorprenderme que importantes empresarios y directivos de grandes financieras y fondos de inversión multinacionales, fueran los primeros que estaban en contra de la situación desequilibrada a la que había llegado el capitalismo voraz, y muy en desacuerdo en el curso en el que se hallaban metidos en sus decisiones diarias. Esto para mí es un síntoma muy preciso de que se ha acabado la línea de pensamiento de la revolución industrial y, a la vez, de la era global. Es un hecho que, en todas las corrientes de la vida, ha comenzado a alzarse poco a poco esa nueva línea de pensamiento que es consecuencia, por evolución, de la transformación de la anterior era global en algo distinto.

Desde premios nobeles de economía como Banerjee y Duflo, que dicen que no es verdad que la globalización y el comercio internacional sean buenos para todos los países, o el hecho, que no podemos pasar por alto, de que algunas de las mayores fortunas del mundo, como Warren Buffet o Bill Gates, dejen su fortuna a la humanidad. Así como el partido demócrata y destacados periodistas ya abogan en contra de este capitalismo voraz y destacados bestsellers como Thomas Friedmann, que habla de que no se puede crecer infinito en un planeta finito.

Ellos, sin darse cuenta, son consecuencia de una nueva línea de pensamiento que va poco a poco cada día impregnando nuestra sociedad y creando nuevas líneas de pensamiento, hasta que ésta se convierta en la que sobredetermine la mayoría de las decisiones de los gobiernos, empresas y familias, convirtiéndose en la nueva dominante.

Como decía, la curva de vida de la línea de pensamiento global llegó en el año 2008 a tocar su techo para caer e iniciarse una nueva era tras la era global, de la que algunas líneas de pensamiento se conservarán, a la que he querido llamar de la era de la creatividad.

La crisis del 2008 fue la fiesta de despedida de la era global, fue una señal, un síntoma, a la que se llegó por los excesos del capitalismo voraz, como toda sociedad sufre cuando se crea una burbuja que toca techo.

Resulta imposible establecer fechas concretas para el inicio y fin de las revoluciones, o las eras que se contienen dentro de ellas. Yo he elegido el 2013 como la fecha de inicio, no sólo de una nueva era, la "era de la creatividad", que sucede a la global, sino a una nueva revolución, de la que forma parte, que me atrevo a llamar "revolución de la humanidad" que sucede a la revolución industrial.

Con esta nueva revolución, la Revolución de la Humanidad, está cambiando la línea de pensamiento dominante que sobredetermina las decisiones. La línea de pensamiento dominante de la economía en la revolución industrial ha dado paso a la de la sostenibilidad en la revolución de la humanidad, y la línea de pensamiento que sobredetermina la era de la creatividad es la del bienestar del ser humano.

Esto se muestra en la confrontación ideológica que ha mutado de la del capitalismo versus comunismo de la revolución industrial, a la confrontación ideológica actual del consumismo versus la sostenibilidad, en la revolución de la humanidad. Una prueba más de que en nuestras mentes, la línea de pensamiento dominante ha mutado, y por tanto se ha producido la transformación de la Revolución Industrial a la "Revolución de la Humanidad", y de la era global a la "era de la creatividad".

Se están, desde el 2013, deshilachando las líneas de pensamiento dominantes creadas durante los 250 años de revolución industrial y la era global en las mentes de las personas. Se está erosionando de forma sorda, porque es desde nuestras decisiones inconscientes, desde abajo, lo que está cambiando sin darnos cuenta nuestra forma de pensar que guía el comportamiento inconsciente de las personas, eso es lo que está cambiando. Y ésa es la causa de los cambios que estamos viendo en el retail y la caída de las marcas globales y la moda, y no el online o la tecnología.

En definitiva, estamos pasando de una sociedad que buscaba la felicidad en el tener a una sociedad que busca la felicidad en el ser.

En la revolución industrial y en la era global se nos hizo creer que encontraríamos la felicidad en el tener, tener cosas, productos físicos, que es el mensaje sordo que se escondía en la promesa del estado del bienestar, acumular productos materiales, que está también simbolizado tras la idea aspiracional del sueño americano. Nuestras sociedades lo han alcanzado, y resulta que hemos descubierto que eso no nos hace felices. El suicidio es la enfermedad de las sociedades ricas.

Esta forma de pensar adormilaba a la gente para que pensara como queríamos que pensara, para tener una mano de obra barata en las fábricas, que se ha sostenido inconscientemente durante toda la revolución industrial, sin que existiera nadie que ocultamente lo dirigiera, simplemente lo hicimos entre todos, inconscientemente. Porque todos creíamos que nos interesaba en lo personal.

No estamos en la cuarta revolución industrial.

Comienza un nuevo modelo en el que nos damos cuenta de que debemos enseñar a la gente a pensar por sí misma, como protección frente al populismo, que es la sobre creación en la política, el estertor final de lo que ya hacían los partidos políticos de siempre, manejar ideológicamente a la gente. Pero ahora nos hemos dado cuenta de que eso se nos ha vuelto en contra y es peligroso para nuestra sociedad, lo que nos llevará a lo largo de esta nueva revolución, que puede que dure otros 250 años, a enseñar a las personas a pensar por sí mismas.

Dentro de la revolución de la humanidad y su línea de pensamiento dominante de la sostenibilidad, ésta, la sostenibilidad, está aún al menos a 20 años vista de hacerse económicamente sostenible.

Dentro de la revolución de la humanidad, se hallarán varias eras, no sabemos cuántas, cada una con una línea de pensamiento dominante que son las que irán dando paso a una transformación en la forma de pensar de la sociedad que hará posible con el tiempo la sostenibilidad como un producto monetizable.

Ahora es el momento del bienestar del ser humano, la línea de pensamiento dominante de la era de la creatividad, la primera de las distintas eras que se irán sucediendo y que juntas compongan la Revolución industrial.

En el pasado evolucionamos como raza gracias a la globalización, con sus aciertos y sus defectos, que nos han llevado a una gran sociedad, donde las diferencias y peculiaridades se han disuelto para ser una gran sociedad global que interconectó el pensamiento y el deseo, y lo transformó también en global.

La globalización tiene cosas buenas y deberíamos, como raza, ser capaces de pasar a la siguiente fase evolutiva sin perder esas partes positivas de lo global y del capitalismo, que se han demostrado en general infinitamente mejores que el comunismo, pero a la vez necesitamos atrevernos a evolucionar e ir en busca de algo aún mejor.

Lo global ha conseguido la sociabilización de la mayoría de los consumos. Pero hay una debilidad en la globalización que necesitamos mejorar, ya que elimina los millones de pequeños y sutiles detalles intuitivos, es decir, inconscientes, que el ser humano tenía a lo ancho del planeta, y que podían ser la solución, el día de mañana, que ayudara a defender a la raza de cualquier amenaza, o simplemente la siguiente innovación.

De esta forma, inicié mi investigación mundial hace 4 años haciendo la pregunta equivocada, ¿Qué le sucede al retail? para, al final de todo, darme cuenta de que el retail sólo es una parte infinitesimal de la sociedad, y que era a ésta a la que le sucedía ese algo. Lo que vemos en el retail es una consecuencia de ese cambio social. El Online y la tecnología no son la causa de lo que le sucede al retail, sino que son una consecuencia más, un síntoma y no una causa. Sumandos que habían venido para quedarse, pero incapaces de marcar la diferencia, pues sólo los multiplicadores son los que marcan la diferencia.

La diferencia ahora la marcan las personas.

Como consecuencia del fin de la era global y la revolución industrial, en la que nos hallamos desde el 2013, hay cambios en todas las esferas de la sociedad: organismos internacionales, geo estrategia y equilibrio mundial, política, empresas, finanzas, marketing… y como una parte más, en el retail.

Durante la pasada era global, las empresas globales fueron las más valoradas y deseadas por el ser humano en su consumo, pero su transformación en la nueva era de la creatividad, nos lleva a una nueva sociedad donde se atomizan las oportunidades. Donde cada vez se desean más otras cosas, no sólo dinero. Donde hay un regreso en búsqueda de la protección de la pequeña comunidad, de valorar lo más cercano a nosotros en lugar de lo más lejano.

Comienza a ser más importante el valor en lugar del precio, pero sobre todo algo precioso que marcará esta nueva revolución en la construcción de la mente del ser humano, que nos llevará a una de las mejores cotas de felicidad y bienestar de la raza humana, al pasar la mente de las personas (sin diferenciar por sexos) de prevalencia de la creatividad, que es una función femenina, en lugar de la prevalencia del dinero, que es una función masculina, que nos llevará a cotas insospechadas de felicidad y producción ilimitada de soluciones de problemas, donde sólo la mente humana tiene acceso.

Ni los robots ni la inteligencia artificial pueden acceder a un universo tan rico como el de la mente humana, como espero explicar mejor en el libro.

Se hallan también, en mi opinión, en una gran burbuja, las líneas de pensamiento de la tecnología y el online.

Los pensadores e intelectuales actuales, desde los premios nobeles de economía Banerjee y Duflo, Thomas Friedman con su libro "La tierra es plana" y tantos otros, dicen no sin razón que no se puede crecer infinito en un planeta finito.

¿O sí? Así lo creía yo al principio, hasta que en mi estudio del retail, las sociedades, la evolución y la condición humana movida por el deseo me llevó a darme cuenta de lo siguiente: Durante la revolución industrial, pero muy especialmente en su última etapa de la era global, se creó una línea de pensamiento que nos hablaba de la sociedad del bienestar o el sueño americano, una línea de pensamiento que fue creada como inspiración y aspiración que nos motivaba a mantenernos trabajando en ayuda de un fin mayor, que era el del pensamiento de la producción industrial (Rev. Ind.) y del crecimiento económico a través del libre comercio (global).

Así construimos, durante la revolución industrial y la era global, una sociedad que buscaba la felicidad en el tener, es decir, en los productos físicos. Nuestra sociedad galopa de la era global a la de la creatividad, pasando poco a poco de buscar la felicidad en el ser en lugar del tener, y por tanto, en el dominio de los productos intangibles frente a los físicos.

Si estoy en lo correcto y damos ese paso en el cambio de modelo, esto podría convertirse en poder tener una sociedad que siguiera creciendo económicamente ilimitadamente sin estar restringidos por la sostenibilidad o la limitación del planeta para contener tanta producción material y de productos físicos.

Podría acudir como innovación, solución y socorro, ante la situación tan delicada en la que se halla nuestra sociedad, que hoy debe elegir entre crecimiento económico o sostenibilidad. Y también aumentaría la atomización de la riqueza.

Pero, a la vez, hay que tener muy en cuenta, como nos explican los premios Nobel de Economía, Banerjee y Duflo, que no es cierto que la globalización sea buena para todos. Para unos sí, y para otros países ha resultado ser muy mala. He aquí otra muestra de esa línea de pensamiento dominante que ha sido una burbuja, durante décadas, de que era algo muy bueno para todos los países la globalización y el libre comercio. Y una muestra de que se ha acabado la era global es que hay figuras destacadas que están creando líneas de pensamiento desde distintas esferas de la sociedad, que van en contra de la línea global, y ese pensamiento ha penetrado hasta lo más alto de la ciencia económica.

CAPÍTULO 3.- RETAIL DESDE LAS PERSONAS

Pasar de una sociedad que buscaba la felicidad en el tener a una sociedad que busca la felicidad en el ser implica pasar de un "Retail desde las marcas" a un "Retail desde las personas".

Una muestra de ello, del paso de la búsqueda de la felicidad del tener al ser, ha sido el fortísimo crecimiento en los últimos años del mindfulness, el coaching, etc., que son un síntoma de esta transformación social.

Eso es consecuencia y síntoma de estar pasando de una sociedad versada en el producto físico, antes, a una de ahora, que versa en la búsqueda de los intangibles.

Creo que, si hiciéramos un corte de las personas más evolucionadas, nos encontraríamos en el consumo una contracción del volumen de compra de productos físicos por persona, como consecuencia de estar buscando menos la felicidad en el tener (productos físicos), y estar buscándola en el ser (productos intangibles). Esto es lo que le sucede al retail, y el no apreciarlo nos está llevando erróneamente a achacárselo al Online y la tecnología, creando su burbuja. Pero, en mi opinión, el Online no es la causa de nada, es sólo un síntoma más y, por tanto, el sobre-invertir en Online o tecnología puede, por sí solo, hacer inviable la subsistencia de la compañía.

En la era global, por dar cifras que sirvan para entender lo que quiero mostrar, en U.S.A. y en España, respectivamente, pasamos de que el 97% y el 89% de las decisiones en los gobiernos, empresas, familias y personas estaban sobredeterminadas por lo económico, a que, en la actualidad, hemos caído a sólo un 85% y un 87%. Así, la sobredeterminación de lo económico cae empujada por la aparición de la nueva línea de pensamiento dominante y que seguirá aumentando, disminuyendo a su vez el peso de lo económico y cambiando el pensamiento que sobredetermina las decisiones de lo económico, por el cuidado personal y el bienestar de las personas y, en 20 años, en la sostenibilidad.

Los distintos porcentajes asignados para U.S.A. y España se deben a que son sociedades en estados evolutivos distintos en la era global, y por tanto la burbuja de lo global ha llegado más lejos en U.S.A., aunque también evoluciona más rápido a la nueva línea de pensamiento en la toma de decisiones.

Por tanto, la causa de la gran cantidad de locales y centros comerciales vacíos es el estar transformándonos de una sociedad que buscaba la felicidad en el tener, a una sociedad que cada vez más busca la felicidad en el ser, provocando una disminución del volumen de compras de productos físicos por persona, y que va a ir en aumento.

Hay más cantidad de metros cuadrados comerciales vacíos en U.S.A. porque están más evolucionados y les sobran también más metros cuadrados. Del mismo modo y por la misma causa, nos sobran a nosotros productos físicos, marcas y locales y centros comerciales. A esto se suma que España tiene una tendencia poblacional distinta a otros países, ya que estamos menguando población en lugar de aumentando, y hay un envejecimiento de la población que hace que no sean los millennials, sino la población de más de 55 años la más numerosa.

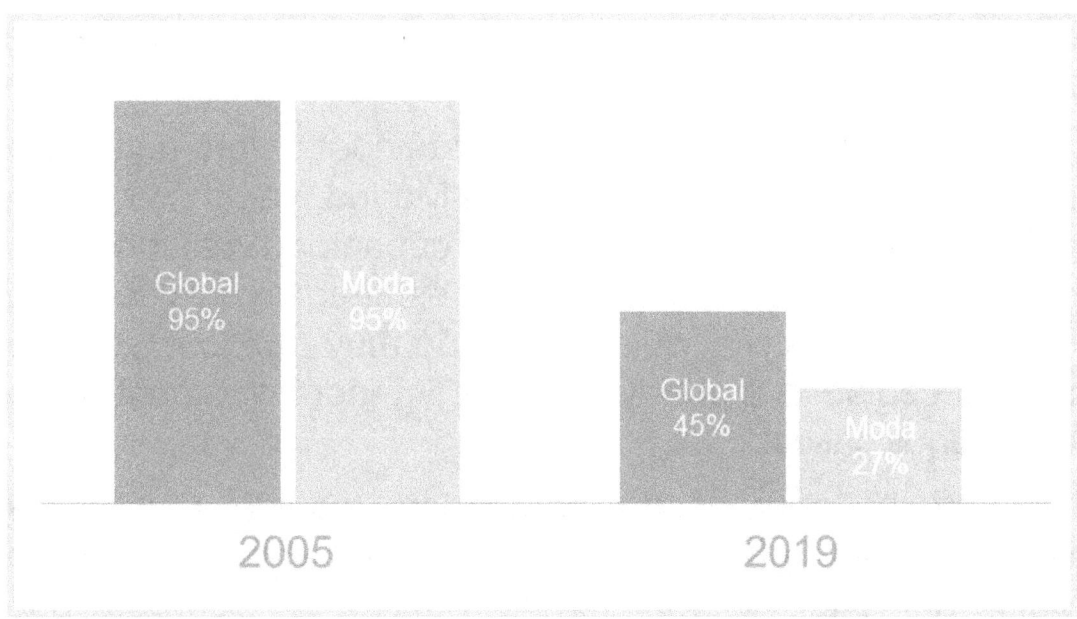

En un estudio reciente que hicimos de Madrid, contabilizamos que porcentajes de las aperturas en las calles prime de Madrid habían sido hechas por empresas globales y vimos que, del 2005, con un 95%, pasamos a una fuerte caída del 45% en el 2019. Si el análisis lo hacíamos por actividad, encontramos cómo pasamos del 95% (de hecho, casi todas las empresas globales que habíamos catalogado en el 2005 eran de la actividad de moda) a tan sólo un 45% en el 2019. Pero, además, 18 de esos 45 puntos porcentuales no habían sido nuevas aperturas de moda, sino reubicaciones en la zona a locales mejores o más baratos, es decir, caída en moda a tan sólo un 27% de nuevas aperturas frente al anterior 95% del 2005, llevando asociado un número importante de locales que iban quedando vacíos porque la iniciativa del retail aún iba lenta en la búsqueda de otras actividades distintas de la moda.

Tengo que decir que ya comienzan a aparecer en marcas como: Garmin, Leica, Ios, Johnnie Walker, EseOese, Brownie, Renata&Co, Mulaya... Poco a poco, empezamos ver aparecer a las nuevas marcas de retail que tomarán el relevo a la moda, las marcas globales y el precio para compartir el protagonismo de las tiendas físicas.

Creemos que la hostelería ganará cuota, pero no toda la que ceda la moda y, en el caso de Madrid, ya ha crecido en algunos casos por encima de su capacidad de consumo, creándose una pequeña burbuja, al estar en un país con gran riqueza en hostelería, que ha tomado muy rápido el espacio que ha cedido lo global y la moda, y tendrá que contraerse en algunos casos.

Esto no es necesariamente para mal del retail y las tiendas físicas, pero sí representa cambios importantes en la visión del retail y cómo generar riqueza en él. Sobre qué palancas actuar para poder evolucionar, que no son ni el Online ni la tecnología.

Cuando comencé mi investigación, no me di cuenta hasta muy al final de que me negaba a aceptar ningún escenario que supusiera que sobraban centros comerciales, tiendas físicas, marcas o productos físicos, porque vivo de eso. Me di cuenta de que inconscientemente me resistía, porque mi status quo me traicionaba en mi lectura. Ahora creo firmemente que, a medida que vayan pasando los años y aumente el peso de la línea dominante del bienestar humano en detrimento del pensamiento económico, cada vez sobrarán más y más productos físicos, marcas, locales y centros comerciales, y eso es igual para las ventas online que para las ventas en tiendas físicas. Salvo que actuemos sobre la palanca adecuada para poder volver a evolucionar en el retail, transformándose en esta nueva era y revolución.

Por un lado, el producto intangible se convierte en la nueva evolución a sumar al retail lo distinto, como es inherente al ser humano, que no ha mutado ni mutará nunca. El deseo en el ser humano lo empuja siempre invariablemente de las líneas de pensamiento a buscar cosas distintas. También, al haber disponible, pero consumir menos volumen de producto físico, la industria irá cambiando de la palanca del bajo precio a la del valor, lo que lleva asociada una contracción en la economía del volumen físico. Las marcas, para seguir siendo capaces de despertar el deseo del consumidor, deberán sumar, al producto físico, intangibles.

Esto no representa que desaparezca la moda, sólo que disminuye su peso específico y valor en nuestra sociedad, porque pierde la capacidad de despertar el deseo entre las personas, y para seguir siendo evolucionada tiene que sumar otras cosas nuevas y distintas del diseño y el precio, sumarle intangibles para construirse desde las personas.

Así pues, los empresarios que antes captaban inversores para financiar su iniciativa empresarial, que se conducía a través de empresas de retail dominantes de moda y marcas globales, ahora deberán buscar esas nuevas actividades distintas de la moda, capaces de despertar o contagiar el deseo de las personas, por encima de lo que lo hace la moda y lo global.

Durante la anterior era global (1950–2008), hubo 4 pensamientos relevantes que se hallaban también en una burbuja cuando la era global tocó techo en el 2008: lo global, el marketing, las marcas y el precio.

A estos 4 conceptos añadimos una línea de pensamiento relevante durante toda la revolución industrial (1750 a 2008), que es la de la moda y, por ende, de la era global como parte de la revolución industrial.

La moda también tocó techo en el 2008 como línea de pensamiento y eso representa perder capacidad para despertar o contagiar el deseo en las personas, y por tanto pierde ventas, como vimos en el capitulo del deseo y veremos en los apartados de la moda que se hallan dentro del capítulo de la evolución.

Y ésta es la única razón por la que estas industrias están sufriendo tanto en el retail, y que nada tiene que ver, en mi opinión, con el aumento del online o la tecnología.

Es decir, que en el 2008, la moda primero, seguida del marketing, las marcas, lo global y el precio estaban en una burbuja que se está transformando en nuestros días, donde el negocio, no sólo en el retail pero también, se está desplazando de la masa, en el centro, a los laterales en esta nueva era. Un negocio de retail mucho más atomizado. Eso nos lleva a un retail que pasa de ser escalable a ser adaptable. Nos lleva de un retail cuyas figuras, desde la propiedad a la marca, precisa de grandes volúmenes de compañías globales con grandes estructuras de costes para trabajar sobre la palanca del precio, a empresas más pequeñas y atomizadas capaces de crear mucho más valor para las personas del entorno inmediato.

Lo global, la moda, marketing, marcas y precio estaban dentro de su burbuja de pensamiento, y están sufriendo una contracción al perder capacidad de despertar el deseo, en la que o se transforman o serán sustituidas por la nueva industria del retail. No tiene mucho que ver con el online, sino con añadir valores intangibles, con la atomización, y en innovar creando nuevas figuras del retail u otras industrias que no sean sólo moda.

En algún momento de la historia de la humanidad alguien, mirando un bosque, se le ocurrió cortar un árbol e inventar con él un objeto que nadie conocía y al que llamó mesa.

En aquel entonces, el árbol era la materia prima, y la mesa el producto final más elaborado, y por tanto el más eficiente económicamente y con mayores márgenes.

Tras ir corriendo la voz entre todos de lo mucho que habían cambiado sus vidas, para bien, al comprar una mesa y la de cosas que se podían hacer en ella, se despertó y contagió el deseo de tener una mesa y todos fueron comprando una.

Hasta que empezó a haber competencia entre los, cada vez, más numerosos fabricantes y así comenzaron a hacerlas con distintos diseños y finalmente comenzaron a competir en precios.

Un fabricante, dándose cuenta de que las mesas cada vez tenían más competencia y menos mercado, porque se hallaba en un mercado maduro, decidió vender su fábrica de mesas y meter unas mesas y sillas dentro de su casa, girar la cocina y ponerse junto a su familia a dar de comer a la gente. Le llamó restaurante.

Bueno, pues a partir de ese momento, las mesas que eran el producto final más valioso, pasaron a ser una mera materia prima, y el producto final más valioso y rico comenzó a ser el restaurante.

Pues eso es lo que le ha sucedido a las marcas y la moda, que han pasado de ser el producto final más valioso en la era global, a ser una materia prima en la era de la creatividad. Ahora, el producto final más valioso ha pasado de hallarse dentro de la esfera de las marcas, a estarlo dentro del de las personas.

Las personas somos el producto más valioso y las marcas han pasado a ser una materia prima. Las personas queremos transmitir una imagen de nosotros mismos a la sociedad para vendernos, y usamos las marcas y lo que éstas representan para construir esa imagen nuestra, nuestra propia marca personal.

El retail, sin embargo, aunque ha llegado a asumir que las

marcas son materia prima y que las personas se hallan en el centro de la escena, sigue construyendo el retail desde las marcas.

Así, oímos hablar de retail por o para las personas. Si es por o para, quiere decir que se está emitiendo desde otro lugar: las marcas. Luego, quien está en el centro de la escena no son las personas, sino las marcas. Seguimos creando conceptualmente el retail como en la era global, aumentando las palabras que en ésta teníamos. "Experiencias" no es más que una nueva forma de llamar a las emociones, algo que siempre ha existido en el retail, y así ocurre con Food&Beverage, que no es más que otra forma de llamar a la restauración; tecnología, que siempre ha estado con nosotros, u online, que no es más que otro canal de distribución, y que suman en la fórmula del retail. Son sumandos que necesitamos tener, pero no son multiplicadores, que son los únicos que pueden marcar la diferencia.

En esta nueva era, hemos creado un nuevo concepto que es el "Retail desde las personas", y que para nosotros es el eje troncal de la evolución que debe llevar el retail en todos sus ámbitos, si desean evolucionar y seguir siendo ricos y deseados por las personas. La razón por la que aún no hemos comenzado a hacerlo es porque seguimos usando las mismas palabras, los mismos verbos, y aún estamos sobredeterminados en la forma de pensar de la era global. Las compañías necesitan cambiar la forma en la que piensan el retaill.

Pasar de pensar que el retail es la suma de marcas y centros comerciales, y que, si éstos desparecen, desaparece el retail, a entender que el retail es la excusa que las personas usamos para relacionarnos socialmente y pensarlo desde las personas. Y que, si las marcas y los centros comerciales desaparecen, el retail seguirá existiendo porque ya existía antes de que lo inventáramos, muy recientemente en nuestra historia.

"Retail desde las personas", parte de entender que, si las personas somos el producto final más valioso, debemos hacer el marketing, construir las marcas y centros comerciales, como se construyen las personas. Debemos construirnos desde dentro de ellos, no desde dentro de nuestras empresas. Esto implica desde las personas debemos pasar a formar parte de su universo personal, porque sólo ellos tienen el valor multiplicador, las marcas ya no lo tienen por sí mismas al ser materia prima. Hemos de deconstruir las marcas y centros comerciales en líneas de pensamiento, que es como se construyen las personas, y no priorizando la segmentación geo-demográfica y el mix de la oferta, que son del universo de la marca y que deberán permanecer, pero ya no como eje troncal

Es decir, que en lugar de poner a las personas en el centro y bombardearlas aún mas con RRDD (prefiero llamarlas redes digitales a sociales), hay que sumar intangibles al producto y asociarnos, en el inconsciente de las personas, con cosas positivas en su mente, porque antes que los valores, con lo que más se sienten identificadas las personas es con su ciudad, su pequeña comunidad o su barrio.

Los valores no se pueden producir en una fábrica en china, no se pueden comunicar desde la marca ni usando el producto, hay que inventar nuevas herramientas de comunicación que aún no existen para asociarnos en la mente de las personas con valores.

El marketing sigue creyendo que el producto es eminentemente algo físico y se halla dentro del ámbito de la marca, y se dirige con él a una persona a la que pone en medio, eso es "Retail para las personas" que es lo mismo que decir "Retail desde las marcas", porque el "para" significa que se hace desde otro lugar para las personas, luego es lo mismo que decir desde las marcas. "Retail desde las marcas" y "Retail para las personas" son lo mismo. Debemos llegar al "Retail desde las personas", que aún no hemos comenzado a crearlo, porque no hemos entendido que el producto final más valioso ya no está en la esfera de la marca, sino de la persona, que es el producto final más valioso.

Pero para llevar a cabo esa transformación, se hace necesario adquirir el conocimiento del comportamiento peculiar de cada lugar, porque ya no va de un mensaje global y la aparición de un nuevo universo en el retail.

Así pues, es como ir andando por un bosque que, llegado a un punto el camino, se abre en dos y debemos todos los actores de la industria elegir qué camino deseamos tomar.

Los que elijan el camino de la izquierda se posicionarán a la izquierda del eje evolutivo, gobernados por el precio, las estructuras de costes y grandes empresas globales que se absorberán las unas a las otras reduciendo su número y aumentando su tamaño en las pocas que queden victoriosas de la lucha del precio, y competirán y fusionarán con los gigantes del online. Los que elijan el de la derecha, elegirán innovar para sumar, crear valor y permanecer a la derecha del eje evolutivo, donde el online será un esclavo nuestro.

CAPÍTULO 4. - NI ORIGEN NI ESPECIES, EVOLUCIÓN SIN MÁS

He llegado a la parte del libro que más esperaba o, hablando en términos del consumidor, que más deseaba.

Para entender qué le sucede al retail y por dónde puede venir una respuesta que sepa estar a la altura del cambio, hay que hablar de Darwin y la evolución.

Lo que le sucede al retail no es algo del retail. El retail no es tan importante, ni siquiera es algo que les suceda a las marcas, al consumo, al consumidor. Es algo que les sucede a las sociedades, es decir, a las personas.

Se llama evolución, y ésta no es una evolución normal, ya que suelen verse sucedidas por una concatenación de cambios de ciclos pequeños, unos tras otros. En nuestro caso es un cambio de era, ya que llevábamos 40 años sin casi evolución en el retail y, mientras, la sociedad y las personas habían estado en su largo y normal proceso evolutivo.

Nos explica Darwin cómo se va sucediendo una especie tras otra, sobreviviendo las que mejor se adaptan al entorno y nos explica cómo el entorno y los cambios que en él se van sucediendo, provocan que unas especies reaccionen a esos cambios, produciendo lentas transformaciones de siglos y van desarrollando adaptaciones físicas para poder sobrevivir o desaparecer.

Nos explica que no existen las especies, sino las variedades, y que todas proceden de un único elemento vivo que, al someterse a distintos entornos, se va adaptando de forma distinta a ellos apareciendo variedades, todas de una misma única.

Esto me hace preguntarme: ¿Dónde está la adaptación en el retail, si todos los centros comerciales tienen prácticamente la misma arquitectura, concepto, marcas y productos y las marcas globales son iguales en todo el planeta?

Los seres vivos se adaptan a la vida del mar, de la tierra y de las distintas geografías del planeta. Esa evolución es lenta en la aparición de las diferentes especies, ya que lleva siglos y milenios. La evolución no se puede parar y ninguna especie deja de estar en una constante evolución y cambio, por eso la raza humana de dentro de 100.000 años seguramente tenga, en su evolución, unas facultades de las que carecemos ahora y tal vez vean a los seres humanos de hoy como nosotros vemos a los sapiens de los que provenimos por evolución, y éstos, a su vez de otras especies anteriores, así, según nos cuenta Darwin, hasta un primer elemento coincidente para todas las especies actuales de las que venimos.

El homo que comparte tronco con los primates, nos dicen, va evolucionando, adquiriendo cambios físicos, nos hablan así del homo erectus, sapiens, neandertal, etc., todos provenientes de un mismo tronco (y tronco que viene a su vez de otro anterior más simple, menos evolucionado en el que coincide con otras especies que nos rodean ahora, muy distintas a las nuestras, pero con las que tenemos un tronco único común en el origen) y todos con unos factores latentes en ellos que hacen que, al modificarse el entorno o competir con otros por ese entorno, sobreviva el que mejor es capaz de adaptarse y hacerse con los recursos o adaptarse físicamente (hablamos de siglos de adaptación evolutiva para convertir una adaptación física a la especie). Así ese homo va cada vez haciéndose más evolucionado.

El neuro científico Antonio D'Amasio, viene a explicar lo mismo que Darwin desde la óptica de cómo nace el cerebro, y así nos habla de que en ese proceso evolutivo se pasa de un organismo unicelular a multicelular, sistema nervioso, cerebro reptiliano, mamífero, etc...

Nos sirve, de forma muy limitada, para entender al ser humano en su psiquismo, el estudio de las neuronas y el cerebro de ratones y chimpancés, porque ellos carecen de la parte más diferenciadora del ser humano, la que ha construido en nosotros un psiquismo con una complejidad que no tiene ni de lejos ninguna especie, y eso es el lenguaje. De su mano nace el inconsciente, que como muy bien explica Geralt Zaltman, "el inconsciente domina el 95% de nuestras decisiones de compra". Yo me atrevería a decir que el 100%, donde en toda decisión está contenido todo: lo unicelular, lo multicelular, lo primitivo y lo humano, lo físico y lo psíquico, la parte primaria y la social... Está todo a la vez, no existen fronteras físicas.

En el ser humano la parte física, siendo importante, es solo un ¿10%? de nuestra mente. Por tanto, podremos encontrar una parte pequeña de nuestro universo contenido en lo físico.

Robin Durban, en su libro Human Evolution, como antropólogo, psicólogo, evolucionista y biólogo, nos explica cómo la razón principal de vivir en sociedad era para protegerse de otras tribus que podían atacarle para robarle las hembras, y que tanto la monogamia como el vivir en sociedad eran para asegurarse el sexo de las hembras por parte de los machos. Mientras que las hembras eligen al macho que mayor posibilidad de subsistencia otorga a sus descendientes, y los machos a las hembras por el sexo. Pues todo esto está en nosotros en la parte más primitiva.

Así pues, para entender por qué compramos las personas, debemos entender la carga social y lo importante que son para todos, gobernados inconscientemente en la compra y el consumo, las coordenadas de protección (subsistencia) y sexo (entendido de una forma distinta y más amplia que la genital, que es en la que cae todo el mundo en lugar de entender más el sexo como deseo). Pero esas motivaciones, queramos o no, están en todos nosotros, forman parte de nuestro estado más primitivo, están grabadas en nuestra línea de pensamiento, la más universal para el ser humano. El entorno y nuestras propias vivencias y decisiones han hecho que no existan dos seres humanos iguales. Sin embargo, hay algo que compartimos todos los seres humanos como personas y, por tanto, como consumidores latentes, porque está en nuestros antepasados antes de la aparición del lenguaje: el inconsciente y la raza humana.

Ya Darwin dice que "la adaptación evolutiva es inconsciente", aunque por inconsciente se refiere a la falta de conciencia en la toma de decisiones, y no en el inconsciente del que nos habla el psicoanálisis. Posteriormente, unas décadas más tarde, otro genio, Sigmund Freud, también rodeado de coetáneos que hablan, investigan y suman en el mundo del estudio del inconsciente, construyó los fundamentos del inconsciente, la que en mi opinión es el que mejor explica todo lo que los grandes investigadores de hoy recogen: Antonio D'Amasio, Robin Dumbar, Cialdini, Martin Lindstrom, Dan Ariely, Daniel Kahneman….

Después de Freud llegó Einstein y nos habló del infinito, la unidad es el infinito en el ser humano, pero también en todo lo que nos rodea.

Evolución, inconsciente, infinito.

De todos ellos se desprende cómo en ese largo proceso

evolutivo las especies se adaptan al entorno. Esto es muy relevante para el retail, porque nos muestran cómo el ser humano se adapta al entorno, en nuestro caso mucho más rápido que el resto de especies, ya que el lenguaje nos permite dar un salto en nuestra construcción psíquica y ser lo que somos como raza. Por eso para los que, llegados al final del bloque de la evolución, deseemos tomar el camino de la derecha y evolucionar en el retail, entenderemos por qué cobra tanta importancia el lenguaje.

El lenguaje hace que nos adaptemos al entorno sin necesitar siglos de evolución para construir una cola como la del pavo real para conquistar a las hembras, o unos cuernos, unas branquias, etc. Gracias al lenguaje podemos construir una casa para protegernos de las inclemencias del entorno, si hace frio ponerle calefacción y si hace calor inventamos el aire acondicionado. Así pues, la adaptación al entorno, y por tanto la supervivencia como especie, se hace multiplicadora porque nos adaptamos con agilidad a cualquier cambio en el entorno que no controlamos, en días, meses, años, en lugar de tener que esperar siglos para desarrollar una adaptación física y, entre medias, ver si somos o no de las especies que subsisten.

Pero el retail no está respondiendo a ese universo de diferencias, porque las marcas globales, en sus normas de funcionamiento para poder crear un modelo escalable que repetir, son impermeables a las peculiaridades de cada lugar.

¿Y qué es el entorno en el retail? Los centros comerciales, el urbanismo de la ciudad y las tiendas físicas de las marcas. Si el entorno modeló las especies, ¿qué puede hacer el espacio físico con las personas? Pues mucho más de lo que ha venido haciendo hasta ahora, que sólo se ha comprendido como un recipiente para las marcas, pero para ello deberemos acceder a la profunda transformación que representa el "Retail desde las personas".

Y aquí quiero parar. Os pido que os detengáis en este momento en esta palabra: genética.

CAPÍTULO 5.- GENÉTICA

Durante nuestra generación, fruto del pensamiento de nuestros padres y abuelos, había una forma de pensar absolutista, determinista, rígida... Y esa línea de pensamiento alimentó la falsa creencia de que la genética era determinante y que los genetistas y el estudio de los genes iban a tener la respuesta a casi todo.

Así se creó una línea de pensamiento dominante determinista, como sucede siempre, en la que nuestra sociedad se ha obsesionado con la genética y su importancia en nuestras vidas, creyéndonos que lo explica casi todo, y de ahí hemos llegado en el retail a la convicción de que el producto es principalmente algo físico, con unas cualidades materiales, o que crean beneficios materiales, y que la aparición del Online es la causa de lo que le sucede al retail.

¿Y si os digo que casi todo lo que atribuimos a la genética es a causa de otros factores?

La genética existe, es muy importante en la vida del ser humano y aún están por aparecer grandes avances en ese área que nos permitirán avanzar y mejorar nuestra calidad de vida. Pero hay que dimensionarla bien, porque está sobredimensionada y, de su mano, el pensamiento sobre qué es el retail y qué es lo que le sucede al retail.

La línea de pensamiento de la genética es paralela a otras líneas de pensamiento, todas de la revolución industrial y la era global, de cuyas manos se ha producido el desarrollo de una forma de pensar y de ver cómo es el ser humano. ¿Cómo vemos y entendemos el ser humano, qué lo motiva, por qué consume? Y así hemos construido las empresas, las marcas, las ofertas, los centros comerciales, el conocimiento, la formación, el marketing, la dirección de las empresas, la política, los organismos internacionales... Todo muy consciente y racional, medible, tangible y cartesiano.

Y éste es el gran cambio que viene a obligar a todo nuestro universo: empresas, gobiernos, política, marketing, marcas y centros comerciales, a mirar a las personas y al consumidor desde un ángulo distinto.

Dicen que el ser humano tiene, según unos, un 95%, según otros un 99% de coincidencia genética con el mono y no recuerdo qué porcentaje, muy alto, con los ratones. Bueno, pues el ser humano es capaz, no ya de poner un cohete a la luna, sino de hablar entre sí estando a miles de km. de distancia haciendo volar con magia por los aires las imágenes y la voz en tiempo real, y muchas más cosas. Sin embargo, los monos a estas alturas no son capaces ni si quiera de fabricar una bufanda.

Pues, si tan alta es la coincidencia genética con el mono y tan grande la diferencia entre una y otra especie, esto es una demostración empírica de que la genética sólo explica una parte pequeñísima e infinitesimal del ser humano. Si es así, ¿no lo será de igual modo para esa forma de pensar que ha impregnado la forma de entender las empresas, las finanzas, el marketing, la política... y el retail? Y en definitiva, las ideologías que se enseñan en nuestra sociedad, familias, escuelas, universidades y empresas.

Ésa es toda la demostración de cuánto pesa la genética en el ser humano, algo importante, sí, por abrirnos nuevos campos, sí, pero minúsculos dentro del universo infinito del ser humano, como minúsculos son los productos físicos y el retail actual dentro del universo del ser humano.

Por tanto, si la genética es infinitamente menos responsable del universo del ser humano, ¿cuánto deberán cambiar nuestra forma de ver el ser humano y, por tanto, el consumidor, el marketing, las marcas, los centros comerciales? Porque esa línea de pensamiento de la genética se ha creado a la vez, y por las mismas instituciones y universidades, que han creado las líneas de pensamiento dominantes sobre el Marketing, la dirección empresarial, la inversión inmobiliaria en centros comerciales,...

Sólo llamar la atención de cómo, en toda la bibliografía que leía, me di cuenta de cuántos eran de profesores o estudiantes de Harvard, y en ellos hablaban unos de los libros de los otros, y así volvía una y otra vez sobre los pasos de la línea de pensamiento de Harvard. Así es como construimos las líneas de pensamiento dominantes, el status quo dentro de cada uno de nosotros. No es consciente ni hay una maquinación detrás, es simplemente como funciona el status quo que está en cada uno de nosotros. Así que, como siempre, me he obligado a atreverme a pensar por mí mismo y, a ser posible, de manera distinta de la corriente dominante, y a buscar las causas mas allá y por debajo de lo que dice el resto: que online y Amazon son la causa de las caídas de las ventas del retail hoy y que quedarán muchos metros cuadrados vacíos y bajarán los precios.

Ahora pensemos en el retail, cuán diferente es el entorno de un esquimal, un ruso de la estepa, un africano o un madrileño y, sin embargo, encontramos las mismas marcas con los mismos productos, imagen, interiorismo, misma arquitectura de centros comerciales y el mismo mensaje de comunicación, tan solo traducido a su lengua.

Es decir, que el retail no se ha adaptado a un entorno muy distinto donde hay personas muy distintas. Ésa es una de las cosas que le sucede al retail y una de las causas de que vivamos un cambio de era, porque la globalización ha adormecido, a base de dormir la evolución, a base de trabajar básicamente la palanca del diseño y los precios, en lugar de irse adaptando poco a poco a pequeños ciclos, y por eso vivimos el cambio de era del momento. Creer que el online es la causa es confundir síntoma con causa.

Antonio D'Amasio nos explica cómo en ese largo proceso evolutivo de millones de años, esa evolución de las especies adaptándose al entorno ha ido construyendo un sistema nervioso y, en muchas especies, un cerebro.

Así, en nosotros está la sucesión evolutiva de los cerebros y sistemas nerviosos más primarios.

Primero el sistema nervioso, luego el cerebro reptiliano (que es una parte de nuestro cerebro que compartimos con todos los reptiles, es decir, que compartimos un antepasado común, o sea, que muchos miles de millones de años atrás debimos compartir un antepasado que luego se fue abriendo en distintas variedades, y después especies, hasta llegar hoy en día a los reptiles y los seres humanos).

Luego está el cerebro mamífero y luego el córtex del ser humano, que es único con ese desarrollo cerebral. Somos la única raza del planeta que tiene lenguaje, gracias al que tenemos la compleja estructura cerebral y un inconsciente y deseos, de los que carece cualquier animal. ¿Recordáis cómo os explicaba el poco peso que tiene la genética en el ser humano comparándolo con los animales? Pues esa gran diferencia que tenemos con los animales nos viene dada por el lenguaje, el deseo y el inconsciente.

El universo del ser humano tiene para mí el símil de los productos básicos que antes eran los evolucionados, y al evolucionar se quedaron sin innovación y pasaron a desplazarse a la izquierda del eje de la evolución, pasando a ser básicos, con poca capacidad de despertar el deseo. Pues esto es lo que les ha sucedido a las marcas, el precio, la moda y ahora a lo global, que han pasado de ser productos evolucionados con gran capacidad de despertar el deseo, a estar a la izquierda del eje evolutivo convirtiéndose en productos básicos. Pueden evolucionar para volver a estar a la derecha del eje evolutivo y volver a ser capaces de despertar el deseo, pero no son el online ni la tecnología los que pueden darle eso.

No todos los consumos de alimentos son primarios, ya que lo que es primario es el fin al que atienden. Así, vemos cómo en ciudades muy pobres, es decir, poco evolucionadas, las zonas más comerciales responden a alimentación en estado puro, es el caso de Cádiz, Podgorica, Cuba, etc. Sin embargo, en ciudades muy evolucionadas, económicamente ricas, por ejemplo, en Madrid o Lyon, vemos algunas ofertas de alimentación con un nivel tan elevado, que no responden a consumos primarios. La evolución de su sociedad ha permitido un salto cualitativo que ha posibilitado volver a llevar el consumo social a algunos sectores de la alimentación, luego es posible que el mismo producto pueda estar a la izquierda del eje evolutivo y sirva para responder al consumo primario y, a la vez, pueda pasar a la derecha del eje evolutivo y responder al consumo social.

Lógicamente, no en todo Lyon ni en todo Madrid. ¿Por qué? Porque hay varias sociedades dentro de cada una de ellas.

Así pues, el estado evolutivo de las personas, depende de cuatro esferas.

1.- El estado evolutivo de la sociedad a la que se pertenece.

2.- El estado evolutivo de la sociedad en la que se halla en ese momento.

3.- El estado evolutivo propio de cada persona.

Pero lo que sobredetermina todas las decisiones, dentro de esos tres estados evolutivos, y que las entreteje son:

4.- Las líneas de pensamiento.

CAPÍTULO 6.- ¿QUÉ SOBREDETERMINA AL RETAIL?

1.- La sociedad a la que se pertenece.

La sociedad es la que construye la suma de personas que tienen un número elevado de líneas de pensamiento coincidentes, para un grupo suficientemente amplio de personas para las que, dentro de su estado evolutivo, se crean productos que son capaces de captar y despertar el deseo de las personas de esa sociedad.

El retail del presente ya no va de hacer modelos escalables que lleguen al mayor número de personas, sino de construir cosas que sumen mucho valor para uno de estos grupos que tienen un numero alto coincidente de líneas de pensamiento, con un número suficientemente amplio de personas dentro del grupo que nos permita existir.

Ser de Madrid contiene varias líneas de pensamiento en sí. La europea, la de la CEE, la sociedad española, la madrileña, y así hasta llegar al grupo y la familia. Dentro de Madrid hay muchas líneas de pensamiento. Qué distinta es una persona de la periferia sur de Madrid, más poblada y menos rica, que la de La Moraleja, ¿verdad?

Todas las personas que viven en un lugar tienen latentes en sí las distintas líneas de pensamiento que les rodean, cada una en un grado diferente y distinto, y casi todos tienen alguna diferente del resto.

Por ejemplo, una persona cuya familia emigra a Madrid desde Rumanía, aunque haya nacido en Madrid, al igual que mis amigos chinos nacidos en España, aunque de familias inmigrantes chinas. Sus padres son rumanos y chinos, pero hablan un español tan perfecto como el mío y han vivido muchas de las mismas cosas que yo. Han estado expuestos a un entorno similar, pero no idéntico, porque en sus casas y en su entorno familiar más cercano, viven y beben, o ven las costumbres, la lengua, con unas formas muy de Rumania o China. Todas las personas de una misma sociedad, aunque compartimos un mismo espacio tiempo, tenemos universos y construcciones psíquicas distintas. No somos idénticos (no existen dos seres humanos iguales), compartimos algunas líneas de pensamiento, pero en algunas otras no coincidimos.

Así, la sociedad a la que pertenecemos o aquella en la que nos hemos construido mentalmente de forma dominante, es lo primero que sobredetermina nuestro estado evolutivo personal.

2.- La sociedad en la que nos hallamos en cada momento.

El ser humano tiene una capacidad fascinante para adaptarse de forma muy rápida. Me recuerdo en mis viajes de verano a U.S.A. Llegaba con mi forma de vestir, con la moda de Madrid, vestido como un madrileño, y en menos de 24 hs. ya me había vestido como una norteamericano: gorra de beisbol, vaqueros, deportivas, etc. Y en cuanto regresaba a España, el mismo día me quitaba todos esos consumos y volvía a ponerme los de Madrid, porque me miraban como un bicho extraño.

Las personas estamos muy condicionadas por el entorno. Hasta nos vemos a nosotros de una forma distinta en cada lugar donde llegamos. Nuestro estado de ánimo, la forma de pensar, cambian y se adapta al de la sociedad en la que estamos en cada momento y eso afecta al perfil de consumidor que, en cada momento, se activa en nosotros.

El ser humano recuerda con mucha intensidad lo más cercano en el tiempo y olvida con facilidad lo más alejado. Por eso podemos adaptarnos con mucha facilidad al entorno en el que nos hallamos en cada momento. Los distintos tipos de perfiles de consumidores que se hallan latentes, dormidos dentro de nosotros, van siendo activados por el entorno, que debe contener un mensaje sutil capaz de despertar uno u otro tipo de perfil consumidor y, en torno a él, debe configurarse la oferta, el interiorismo, la arquitectura y, sobre todo, el lenguaje y mensaje que ya veremos en los capítulos respecto a su importancia. Esto es lo que el retail no está usando y adaptando.

3.- La evolución personal.

En ella se contiene todo. Sabemos que una persona, a medida que va teniendo más años, pasa de tener centrada su atención e interés en pasarlo bien para, tras comenzar a trabajar en adquirir un status, pasar a pensar en la carrera profesional y, en la etapa final, en la familia. El hecho de que la edad de jubilación pase de 65 a 75 años, o el hecho de que algunas personas no se jubilen nunca y trabajen hasta el final de sus días, les permite seguir evolucionando más allá de lo que lo hace la sociedad actual, y estos estadios empiezan poco a poco a tomar forma en líneas de pensamiento con peso específico en nuestra sociedad.

Llamo la tención de que en U.S.A. destacan los millennials pero en España la población de más de 50 años, que adquiere, por tanto, a través de ellos una modulación de la sociedad distinta, ya que esta está afectada por sus líneas de pensamiento, y por el peso específico de éstas, a su vez, dentro de la sociedad.

Éste es sólo un ejemplo de la evolución personal por causa de la edad, pero hay muchas más contenidas dentro de cada persona.

4.- Las líneas de pensamiento.

Unas líneas de pensamiento están contenidas en la raíz de las sociedades; otras desaparecieron quedando una consecuencia en forma de costumbre que se arrastra sin saber por qué, inconscientemente de padres a hijos, y que se nos hacen difíciles de identificar al haber desaparecido su fuente emisora.

Otras sucedieron hace mucho y siguen en nosotros; otras ocurrieron hace poco y están en nuestras vidas con mucha intensidad y algunas con poca; unas muy duraderas otras muy cortas.

Como esa línea de pensamiento del pasado aún latente en nuestra sociedad, que sostiene que la genética es lo más importante y determinante en lo que le sucede al ser humano.

París y Berlín comparten algunas líneas de pensamiento, resultado de ser capitales, capitales de una gran economía, ser europeos, ser de la C.E.E., etc. En cada una de esas líneas de pensamiento resultantes, encontramos similitudes entre las personas.

Pero París es capital de un país que tiene costa mediterránea y Berlín no. Luego París tendrá unas líneas de pensamiento derivadas de sus peculiaridades, pero a su vez esa línea de pensamiento mediterránea que está en Paris, sin tener costa mediterránea, es mucho menor, menos intensa, y menos rica en contenido y profundidad en la psique de sus personas que las que la tendrá una persona de Cannes, que está en la Costa Azul mediterránea francesa.

Las líneas de pensamiento son como las miles de fibras que, juntas y de forma desordenada, se entrelazan creando una cuerda que, a su vez y de forma ordenada, se junta y entrelaza con otras de igual grosor para crear una gran cuerda resistente.

Como vimos, cada sociedad tiene un estado evolutivo distinto. Dentro de cada sociedad hay distintos tipos de consumidores, y todos somos varios de ellos a la vez. No somos un solo tipo de consumidor, sino varios a la vez, que se hallan latentes dentro de nosotros esperando a ser despertado su deseo desde fuera. A la vez, todos esos tipos de consumidores están sobredeterminados por la sociedad a la que se pertenece, es decir, que sólo podemos tener tipos de consumidores latentes, dentro de nosotros, de los que existen en la sociedad a la que pertenecemos.

Al comparar distintas sociedades, encontraremos distintos tipos de consumidores, algunos coincidirán y podremos encontrarlos coincidentes, pero otros no. Lo que los determina son las distintas líneas de pensamiento de cada sociedad y, a su vez, cada una emplea el lenguaje específico del lugar. Es decir, que incluso con una tipología coincidente en distintas sociedades, necesitamos comunicarnos con ellos usando el lenguaje específico de cada lugar, por lo que, para comunicar una línea de pensamiento, aunque sea la misma, debemos usar en cada lugar su lenguaje, que es mucho más amplio que el habla.

Sólo puedes crear un mercado desde el núcleo de una línea de pensamiento, para el que se ha de configurar el mensaje. Para ello es necesario usar el mismo lenguaje que ellos, así como la elección de la forma, la frecuencia e intensidad del mensaje.

Cannes está muy próxima a Mónaco e Italia, por lo que tendrá líneas de pensamiento que no existen en otras ciudades mediterráneas francesas muy alejadas de Italia, como Marsella.

Madrid, capital de un país con mucha más costa mediterránea que Francia, compartirá una línea de pensamiento mediterránea con París (aunque no con la misma intensidad), y ambas con todas las capitales y ciudades de países con costas mediterráneas, pero Valencia o Málaga, en la costa mediterránea española, tendrán entre sí y con Cannes, Mónaco, Dubrovnik y el resto de ciudades mediterráneas, unas líneas de pensamiento mediterráneas más intensas entre sí, y otras distintas que sólo las propiamente mediterráneas tienen.

En cada ciudad, cada una de esas líneas de pensamiento tiene un grosor y una longitud e intensidad distintas, y una capacidad distinta de sobredeterminar las decisiones de las personas que viven en esa ciudad.

Cuando un español visita la costa de Croacia y dice, "cómo me recuerda a España" o a Málaga o a Ibiza, es porque está viendo esos elementos en el entorno (el bosque de pinos, el sonido de las chicharras, el mismo olor, la cultura del vino y el aceite y sus colores y olores derivados al pasar por donde se fabrica, etc…) que conforman las líneas de pensamiento comunes.

Ámsterdam, Hamburgo, Singapur, San Francisco… ¿Qué tienen en común? Son importantes puertos de tránsito de mercancías. Por lo tanto, están expuestas todas las personas que viven en ellas a otras influencias, que no sólo culturas; a ver y oler otras cosas y a otras líneas de pensamiento que se transportan, junto con el tráfico de mercancías, por las relaciones personales. Las ciudades de importante tráfico de mercancías desarrollan una línea de pensamiento común muy propia que las identifica entre sí y las diferencias de las otras ciudades de los mismos países, creando a su vez comportamientos muy sutiles, comunes entre sí. Líneas de pensamiento comunes.

Pero las líneas de pensamiento no existen para las marcas globales, sólo existe la línea de la marca de la que nace el mix de oferta y con ella se dirigen a las personas. Hasta ahora, han usado muy bien el mensaje global, es decir, aquél en el que coincidía alguna línea de pensamiento muy general, para hacer la empresa escalable, pero ninguna sutil y particularmente adaptada a cada lugar, para hacerla adaptable.

¿Veis a qué me refiero, cuál es mi diferente apreciación de qué representa el concepto de "Retail desde las personas"? Poner a las personas en el centro de la escena y construir los mensajes, los productos, la marca, el interiorismo y, sobre todo, el mensaje adaptado a las líneas de pensamiento de cada lugar. Pero, es más, el gran salto del retail está en construirse desde dentro de las personas, es decir, asociarse en su inconsciente con líneas de pensamiento, perdiendo en esa transformación protagonismo lo global, la marca y el producto físico, ya que de otra forma no puedes transformarte en líneas de pensamiento y ser parte del universo personal. Porque, si el producto final más valioso ya no está en el entorno de la marca sino en el de las personas, que son en sí el producto final más valioso, la única forma de evolucionar como marca es formar parte del universo personal, sumar a todo lo que hasta ahora habíamos aprendido y creado (diseño, precio, etc...) las líneas de pensamiento, o lo que de forma más simple algunos llaman valores. Asociarte en su mente de forma positiva, con valores. Pero asociarte y formar parte del universo son cosas distintas. Ser parte del universo personal es ser la persona en sí, parte de ella, y eso es mucho más que asociarte con valores.

Si se ha acabado la era global y el producto final más valioso ha pasado de estar dentro de la esfera de las marcas a estar dentro de la esfera de las personas, esto es para mí el gran cambio que ha de implantar el retail: "Retail desde las personas".

Las marcas aún siguen construyendo el retail poniendo a las marcas en el centro de la escena, con el mismo contenido ideológico que el de la era en que la genética era una línea de pensamiento dominante.

El significado de poner a las personas en el centro de la escena es para mí distinto de lo que estamos haciendo. Las hemos puesto en el centro, pero nos seguimos dirigiendo a ellas con las mismas palabras y técnicas del pasado. Las redes sociales han sido usadas no sólo para hacer el mismo marketing masivo que ya era parte del problema, sino para aumentar el número de impactos, desde las experiencias hasta los olores.

Los antropólogos suelen llamar la atención sobre la variable de la cultura al estudiar los mercados y el consumidor, pero las líneas de pensamiento son mucho más amplias que la cultura y el entorno mucho más amplio aún, porque contiene la cultura y está impregnado, de forma inconsciente, de miles de señales sutiles de las líneas de pensamiento que nos cosen con más fuerza, precisamente por ser más sutiles.

Las distintas líneas de pensamiento, y el lenguaje del entorno construido inconscientemente, están llenas de señales que construyen el mensaje.

Magdalena Salamanca, de la Escuela de Poesía y Psicoanálisis Grupo Cero, de don Miguel Oscar Menassa, maestra mía, me dice a menudo: "Hay personas que viven en Madrid y viven en una ciudad sin aeropuerto, porque nunca han ido, ni lo miran. Para ellos no existe". Con esto se enriquece aún más la ecuación de las líneas de pensamiento y los perfiles de consumidores, demasiado como para resumirlos a un dato en una hoja de excell o a un número de productos, color, tipo físico... El contenido del consumo que no sea primario o básico es muy poco físico y, por tanto, versa sobre líneas de pensamiento que sobredeterminan el consumo social, dentro de las que hay que galopar en el nuevo retail innovador.

Si un país o zona tienen una fuerte inmigración, eso desarrollará una línea de pensamiento añadida.

Las líneas de pensamiento necesitan, para construirse, a la sociedad, y son transportadas por las personas a lo largo de su vida, quienes las recogen y aprenden de los distintos grupos y sociedades de los que forman parte al nacer. Así, a través del aprendizaje que los individuos hacen a lo largo de su vida por sus vivencias personales conectadas con la sociedad, van transformando esas líneas de pensamiento que recogieron y, al morir, las dejan depositadas en otros, que las recogen transformadas ya por nuestras experiencias en nuevas líneas de pensamiento. Así es como la parte más trascendental del ser humano, la mente, bebe de otros, es influenciada por la sociedad y de esa forma transformamos, sin darnos cuenta, nuestra sociedad. Así pues, las personas somos los recipientes que las transportan y somos, a la vez, influenciados en nuestras vivencias por la sociedad y, al mismo tiempo, transformadores de la sociedad al dejar un legado de líneas de pensamiento, como grupo, distinto al que recogimos. Así es cómo evolucionan las sociedades y cómo el pensamiento las transforma.

En el siguiente libro, La mente del retail, hablaremos más en detalle de esto: la importancia de la cultura en la comunicación inconsciente latente en todos nosotros y cómo no estamos usando en el retail (y para mí es la próxima evolución para la moda, las marcas, los centros comerciales) para que puedan escapar del consumo primario a la izquierda del eje evolutivo, donde el online les afecta mucho, ya que el online es el rey en el lado menos evolucionado de los consumos primarios, pero poco capaz en el consumo social.

CAPÍTULO 7.- ¿QUÉ LE SUCEDE AL RETAIL?

Antes de preguntarnos qué le sucede al retail, debemos pararnos a pensar primero qué le sucede a lo financiero, al marketing, al inmobiliario, las inversiones, la gestión, a la empresa y, en definitiva, a la sociedad y por ende al retail, que es sólo una parte infinitesimal de ella.

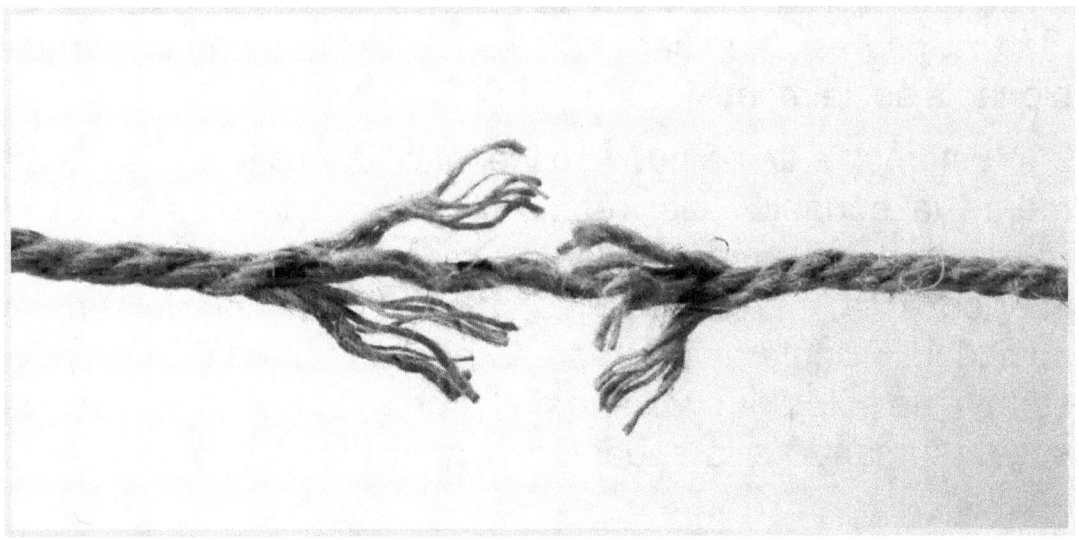

Lo que sucede es que se ha acabado la era global, y eso tiene consecuencias muy concretas sobre el retail. Las líneas de pensamiento de la revolución industrial, y dentro de ella las de la era global, se están deshilachando, como aquel cordel compuesto de tiras de líneas de pensamiento. Imaginaros aquella cuerda con la que explicaba antes, como símil, las miles de líneas de pensamiento (cuerdas) que componen una cuerda y entre varias cuerdas y cordel. Imaginaros que el pegamento que las agrupa en sus extremos desapareciera y esas miles de cuerdecitas empezaran a deshilacharse como un cordón. Pues esto es lo que le está sucediendo a las líneas de pensamiento que componen la revolución industrial y la era global.

Al retail en sí no le ha sucedido nada en especial en los últimos 20 años, y ése es el problema del retail. Hasta ahora, el retail era un lugar donde la marca y el producto físico eran casi lo mismo y, si no lo eran, se parecían mucho. El producto más valioso estaba dentro de la esfera de las empresas.

La industria pensaba que el retail era la suma de marcas y centros comerciales, cuando el retail más valioso ha sido siempre el que respondía al consumo social, porque el retail más valioso es "la excusa que usa el ser humano para relacionarse socialmente".

Estamos ante un nuevo escenario que ha invertido totalmente la ecuación del retail. Ahora las personas son el producto más valioso y usan las marcas para construir una imagen, una marca de ellos mismos que vender en su sociedad. Adquieren las marcas por los valores que representan, no sólo por el diseño o el precio. Luego necesitamos seguir sumando a la ecuación, y ahora toca sumar valores al retail.

Ninguna generación antes ha vivido en el retail un cambio tan transversal y profundo. Pero no podemos transformar el retail si lo seguimos pensando y construyendo desde las marcas; hay que empezar a pensar el "Retail desde las personas". Ésa es la gran transformación que el retail está lejos aún de comenzar, a volver a crear cosas que despierten nuestro deseo dentro de esta nueva era, porque anda perdido en donde no se es en el retail: el online, la tecnología, el omnichanel, las experiencias...

El producto más eficiente ya no es el que existe, sino el que se inventan, y la gestión y el pensamiento financiero han sacado de la dirección estratégica del retail a los locos inventores, que son los creadores de la industria del retail.

Lo que le ha sucedido a nuestra sociedad es que nos estamos transformando de una sociedad que busca la felicidad en el tener a una que busca la felicidad en el ser, y eso lleva implícita una contracción del volumen de compras de producto físico.

También hay una pérdida de capacidad de despertar nuestro deseo por parte de las marcas y el producto físico, llevándonos a un nuevo retail donde lo intangible y asociarse en la mente de las personas con valores, es fundamental. Precisamente es lo que el online nunca podrá hacer, porque el online es muy capaz y dominador vendiendo grandes cantidades de producto físico a un precio bajo de forma rápida, pero es incapaz de vender intangibles e infértil en los consumos sociales que explicábamos al principio del libro.

Con el fin del pensamiento de la revolución industrial y de la era global ha cambiado la formula del retail.

El retail, por tanto, ya no va de vender la mayor cantidad de productos llegando al mayor numero de personas, al menor coste posible, y tampoco de modelos en el retail escalables. El retail del presente va de ser capaces de crear algo de mucho valor para un pequeño número de personas, suficientemente grande como para poder existir como empresa, y de crear una relación personal de valor para ellos. Va de modelos adaptables, y para eso el pensamiento de la era global es estéril. Luego necesitaremos nuevos tipos de empresas que contengan el conocimiento de lo peculiar de cada lugar o grupo.

En mi investigación del retail por todo el mundo, en la que visité 150 ciudades, 2.000 calles, parques y centros comerciales y entrevisté a muchas personas, desde taxistas hasta directores generales y fundadores del empresas del retail, a inversores y directivos de promotoras de centros comerciales, al final de la investigación me di cuenta de que había una cosa en la que habían coincidido todos, desde el taxista de San Francisco con el que pasé días en mi viaje de investigación en la ciudad hasta el directivo del fondo de retail de Madrid en el transcurso de una comida informal: "Que ir de compras se había vuelto algo aburrido, que todos los centros comerciales en el mundo que habían visitado eran lo mismo y con las mismas marcas y productos".

Esto es un efecto normal y lógico de la era global, que elimina las peculiaridades bajo la estructura de costes y el libro de requisitos irrenunciable para construir las marcas. El problema es que eso ha quedado atrás ya, lo global ya no multiplica, suma, sí, pero no tiene capacidad de marcar la diferencia.

Antes, el acceso a los grandes medios de producción fuera de España y a bajo coste sólo estaba al alcance de grandes compañías. Tener un buen diseñador, un buen experto en marketing, un buen encargado, un buen director de retail, era algo sólo accesible a las grandes compañías y hoy es accesible a cualquier empresario pequeño a un coste menor y más flexible. Antes había una sola escuela, hoy hay cientos de ellas donde se forman.

Así pues, si todo eso es desde hace muchos años accesible a cualquier empresa y no sólo a las grandes empresas, y hablo de al menos más de 10 años, entonces… ¿Dónde está la ventaja comparativa de las empresas globales? Se ha desvanecido, diluido y va a ir cada vez a más, sólo hemos iniciado el proceso en el 2013.

A su vez, ahora uno cuando regresa de viaje de vacaciones, lo que quiere es traer consigo un producto que hace una señora que tiene una tienda en Madrid y que sólo hay ahí, o de Milán o donde sea que vayamos. Ahora, el retail va de lo peculiar de cada lugar, de cosas que sólo encuentras y suceden allí. Eso se a convertido en el eje troncal, porque el retail desde siempre ha ido de algo nuevo, distinto.

El ser humano siempre ha estado dispuesto a pagar un poco más por otras cosas, esto siempre ha sido así y tiene que ver con ser seres deseantes y desear siempre cosas distintas. Antes estaba dispuesto a gastarse más en lo global, es decir, en comprar más cantidad de producto; ahora en cambio está dispuesto a gastarse un poco más, pero en cosas peculiares, personalizadas, en menor cantidad pero que le sumen más valor, en intangibles.

Antes, el diseño, la gama, la marca, el interiorismo, la arquitectura de los centros comerciales marcaban la diferencia. Ahora suman, sí, pero ya no marcan la diferencia. Deberemos mantenerlos en algún grado, pero necesitamos incorporar otras cosas a la ecuación, ya que la clave en el retail, lo único que era capaz de marcar la diferencia siempre ha sido lo distinto, y lo que antes marcaba la diferencia ya no lo hace, porque ya no es algo distinto en el retail.

La fórmula del retail siempre ha sido igual a cosas que permanecían en la misma proporción, otras que disminuían o aumentaban en su porcentaje, otras desaparecían. Pero todas esas cosas sólo eran sumandos, los necesitamos, pero no multiplican, no marcan la diferencia, lo único capaz de multiplicar, es decir, de marcar la diferencia, es lo distinto. Siempre ha sido así.

Nueva fórmula del retail = pasado (- = % +) x distinto

Antes, después de gastar 50€ en una prenda, el consumidor estaba dispuesto a gastarse 100€ más en otras 10 prendas, ahora se lo quiere gastar en que la primera tenga algo más de valor para él. Se ha producido una reducción del volumen de compras físicas que no ha hecho más que comenzar e irá a más a medida que avance esta transformación de la era global a la era de la creatividad.

Ya no va de marcas con grandes estructuras de costes para pulsar la palanca del precio, para vender la mayor cantidad de productos al mayor número de personas en el mundo, sino que va de lo peculiar de cada lugar, va sobre las personas. El producto final más valioso ha pasado de estar en las marcas a estar en las personas.

Y ahí, las empresas pequeñas pueden responder mejor, más rápido y adaptando mejor el mensaje a las personas de cada lugar identificándose con ellas, de lo que pueden hacerlo las empresas globales, porque ya tienen un conocimiento de las personas cercanas y éste tarda mucho menos en llegar desde donde se recoge hasta quien tiene que tomar la decisión de hacer cambios sutiles, cada día, para ofrecer cosas de valor a las personas de cada lugar. Las pequeñas están más identificadas con las personas y con las pequeñas comunidades, justo en el momento en que todo ha virado en busca de la protección de las pequeñas comunidades y de los barrios. Hay un regreso a la búsqueda de la protección de las pequeñas comunidades.

El negocio global se está encogiendo y, con él, el pensamiento de las industrias dominantes durante la era global (marketing, marcas, precio) y la de la revolución industrial (moda), y el gran negocio está empezando a crecer en los laterales, eso que ahora llaman nichos, lo peculiar de cada lugar, y que es lo que yo llamo lo DISTINTO. En esta nueva era de la creatividad, el negocio se está desplazando a los

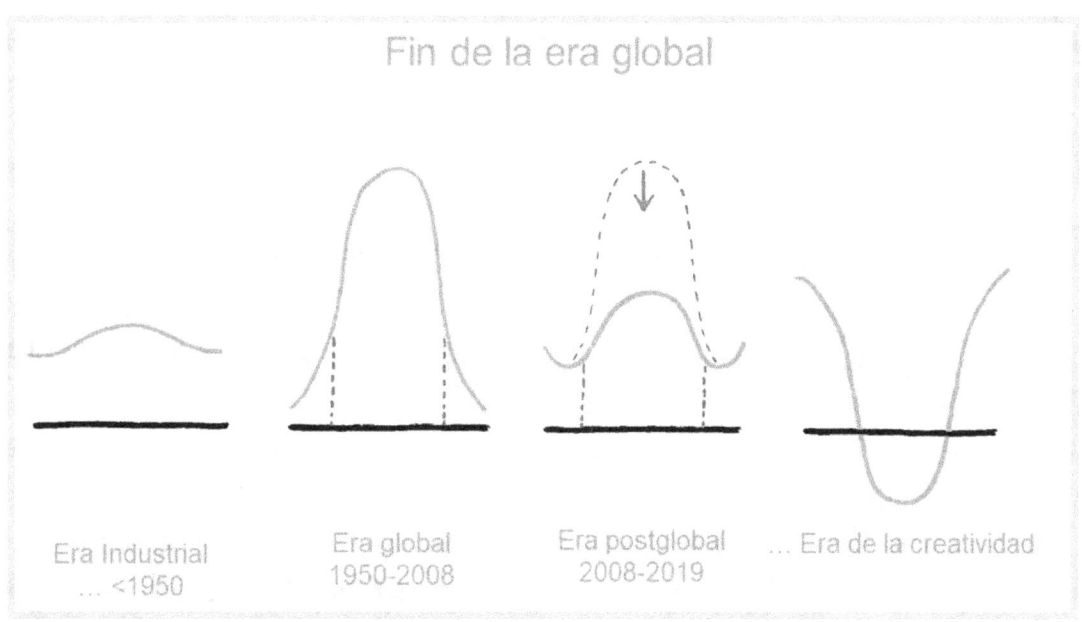

laterales en búsqueda de las personas y la personalización. Dentro de una década acabará, como veis, en la ultima curva de la gráfica que tenéis más arriba.

Estamos hablando de una fortísima contracción de lo global en todos los ámbitos y la desaparición de, al menos, el 60% de lo global si no se transforma, adaptándose para conquistar este nuevo espacio en los negocios y el retail. Y lo global puede no desaparecer y sobrevivir con fuerza, pero va a tener que afrontar una fuerte transformación. Estamos hablando de la atomización de la economía en estado puro, de las oportunidades y el retail. De empresas que suman precio a empresas que suman valor. Necesidad y aumento del valor de empresas capaces de contener el conocimiento de lo peculiar de cada lugar, para ayudar a las empresas a sumar mucho valor a grupos lo más reducidos posibles. Estamos ante la deconstrucción del tamaño de las empresas: disminuye lo global, el producto físico y el precio, y sube lo peculiar de cada lugar, lo intangible, el valor y lo distinto.

Mientras estamos viendo publicada la caída de las ventas físicas en grandes compañías globales, no estamos escuchando, sin embargo, los datos de esas otras empresas pequeñas que están apareciendo y están creciendo en ventas y negocio.

Durante la era global, el pensamiento financiero, primogénito del pensamiento económico que ha dominado durante toda la revolución industrial, ha impregnado y conquistado la dirección estratégica del retail, como tenía que ser durante la era global. Así es como las escuelas de formación nos han dado los mejores gestores, analistas y técnicos, versados sobre la eficiencia productiva, que jamás hallamos visto antes. Tan necesarios para el desarrollo de lo global y para poder crear grandes estructuras de ahorro de costes que nos han sido tan importantes, y hemos dejado alejados de la dirección estratégica a los innovadores y creativos. Esos locos inventores, que fueron los creadores del retail, gastaban mucho en ensayos de prueba y error.

De esta forma, nuestra mirada a corto plazo del mundo financiero durante la era global nos hizo descubrir que, si eliminábamos esos costes tan elevados de los locos creadores, el Ebitda subía con fuerza. De forma inconsciente, todos fuimos desplazando de la dirección estratégica nuestra parte más creativa e innovadora, la que es capaz en nosotros de inventar cosas distintas, hasta que una funciona y es capaz de despertar el deseo de las personas, e impulsar la compañía a ser más evolucionada y rica. La contabilidad y estructura de pensamiento de una empresa innovadora no es anual, se monetiza en muchos más años y necesita de un liderazgo con unas líneas de pensamiento dominantes, y de ahí una estrategia y orientación muy distintas.

Ahora, en esta nueva era donde hay que sumar valores, esos perfiles necesitan añadirse con fuerza, junto con los grandes gestores, para sumar al ahorro de costes algo nuevo, y con ello nuevos perfiles profesionales que nada tienen que ver con lo tecnológico y el online y sí mucho con las humanidades, ya que va de personas. Necesitaremos a grandes estructuras humanistas para escuchar a las personas de otra forma y hablarles en su propio lenguaje, en cada lugar de una forma distinta, para poder identificarnos en su mente con cosas que le sumen valor en positivo y, si lo hacemos muy bien, liderar de nuevo, sólo si conseguimos convertirnos en líneas de pensamiento. Convertir la marca, pasando del mix de la oferta a las líneas de pensamiento, así es como pasamos del retail para las marcas, al retail desde las personas. Esta transformación es por igual para los fondos inversores, los promotores de centros comerciales o las marcas.

Mientras hace 100 años lo más importante era el diseño, la dirección estratégica estaba dominada por los diseñadores. Luego evolucionó y lo importante era la gama de producto y adquirieron protagonismo en la dirección estratégica los técnicos, y la última parte de la era global nos llevó a grandes gestores, porque la clave pasó a la estructura de costes. Es necesario que todo esto permanezca en una cantidad y proporción, aunque necesitamos ajustarla. A eso habrá que sumar una nueva etapa en las estrategias del retail, versadas en las humanidades, porque ahora va de personas, de intangibles y valores para las personas. De personas capaces de conectar mentalmente con las personas distintas en cada lugar, y una nueva estructura donde ganan peso en las compañías funciones capaces de crear cosas distintas para las personas cercanas, para generar ingresos y no sólo tener ahorro de costes.

Así hemos transitado por el sendero del bosque del retail y hemos llegado a un punto en que el camino se divide en dos y todas las figuras de la sociedad, no sólo en el retail, todas las empresas en todos los rangos debemos elegir uno de los dos senderos.

El sendero de la izquierda nos permite seguir con la misma estructura de empresa que teníamos hasta ahora, pero deberá afrontar una lucha encarnizada por absorber o ser absorbido, donde cada vez el tamaño será mas importante para seguir luchando más y más por conquistar la gran cuota mundial, con márgenes cada vez más escurridos y cada vez más pequeños. Será una lucha feroz por ser uno de los 20 fabricantes mundiales que controlen la producción de los nuevos productos que se suman al universo de los básicos, herederos de la anterior era global, como le pasara en el pasado a los fabricantes de productos que ocupan los pasillos de limpieza de las grandes superficies de alimentación. Márgenes enanos y poca cobertura, donde el margen está medido en céntimos y se obtiene por el gran volumen mundial; donde una subida del precio de la energía, dejarte la luz encendida, supone colocarte en pérdidas.

Es una lucha encarnizada y aburrida en la que yo no deseo estar, y a quienes decidan seguirla les deseo mucho ánimo y fuerza para ese difícil camino en el que al final siempre quedan sólo 1 ó 2.

En cambio, el sendero de la derecha pide de nosotros un gran trabajo mental, y en él necesitamos ser valientes y atrevernos a cuestionar todo lo que hasta ahora nos habían enseñado y que había sido el leitmotiv de nuestra industria y una verdad irrenunciable, y que nos habían enseñado desde niños nuestros padres y maestros. Porque todo lo que hemos aprendido hasta ahora nos va a servir de poco para marcar la diferencia en esta nueva era y revolución. Necesitamos empezar a sacrificar y cuestionar todas las doctrinas, en especial muchas del mundo del marketing y ese libro gordo de Petete de las marcas.

Este sendero es un nuevo escenario, precioso, lleno de curvas, diversión y oportunidades, pero sólo para aquellos que sean muy valientes y estén dispuestos a hacer grandes sacrificios de muchas de las cosas que hasta ahora creíamos irrenunciables o incuestionables, porque ahora va de sumar valores y de pensarlo todo desde las personas. Así, el lenguaje es clave en el ser humano, porque gracias a él tenemos la compleja estructura mental que no tiene ningún otro animal. Pero el ser humano es incapaz de crear cosas nuevas, si no cambia las palabras con las que habla. Necesitamos eliminar del retail palabras del pasado o sus sinónimos, y empezar a usar palabras nuevas dominantes en nuestras conversaciones de trabajo o, de otra forma, cualquier esfuerzo que hagamos será estéril para conseguir esa transformación ganadora que necesitamos alcanzar en esta nueva era.

Así pues, os dejo en los próximos capítulos con qué representa de forma práctica, y cómo se abre para las distintas figuras del retail, ese camino en el bosque con los senderos izquierda y derecha, y cómo afecta cada uno de ellos al retail según elijamos uno u otro.

CAPÍTULO 8.- LA EMPRESA

Estar a la izquierda o derecha de la curva de innovación nos lleva a dos tipos de empresas, antagónicas. A la izquierda, la primera muy primaria, que es en donde se han quedado la mayoría de las empresas que siguen bebiendo de las escuelas de pensamiento actuales en formación y conocimiento, y que no gusta de cuestionarse nuevas formas de hacer las cosas porque eso representa poner en riesgo el status quo que está dentro de cada uno de nosotros. Pasar, por tanto, a la derecha del eje evolutivo, es una cuestión antes de nada personal, que implica romper con muchos axiomas.

Al día de hoy, las empresas tienen, de momento, dos únicas formas de mejorar el beneficio: uno reduciendo costes y la otra aumentando ingresos. El primero es el modelo imperante en el retail hoy en día, desde Zara hasta Amazon. Es el que se puede enseñar metódicamente en las escuelas, son empresas donde la gestión de la estructura de costes y los gestores son la pieza clave.

En cambio, las segundas empresas, las que están a la derecha del eje evolutivo, las que deseen tomar el sendero de la derecha del bosque, deben buscar aumentar sus beneficios aumentando la cifra de ventas. No se puede enseñar un método, sólo se aprende permitiendo a la gente pensar por sí misma, probando y probando cosas hasta que una funciona. Construir su propio camino, porque son empresas gobernadas por inventores y creadores. Pero sin olvidar que todo sector y toda empresa, tarde o temprano, pasa a estar a la izquierda del eje, a ser básica salvo que introduzca mucha innovación y, para ello, hay que poner en riesgo lo que se tiene, es decir, el status quo de las personas que gobiernan dichas compañías.

Hasta la empresa más innovadora del mundo llega un momento en que se agota y cede a la tentación de crecer en tamaño, buscando llegar a un mercado más amplio y, en ese momento, comienza a crearse una línea de pensamiento en la compañía que poco a poco les empuja a estar a la izquierda del eje. Mantenerse a la derecha del eje exige mucho emocionalmente, de todos los que integran la estructura. Constantemente retan lo ya establecido, buscan innovaciones. Así, hay empresas que en el tiempo van mutando la compañía, sus productos, y el sector, continuamente van encontrando algo de su saber hacer que puede tener mucho valor para otras personas en otro lugar. Son pocas las empresas en todo el mundo que han implantado una política de crecimiento constante, de evolución constante, de cuestionamiento continuo, dispuestas a ir viendo marchar y, a la vez, dejar marchar de la compañía a muchos compañeros de viaje, clientes importantes, proveedores, empleados, accionistas, que no sirven en esa nueva tarea.

En la innovación, lo importante es el saber hacer, y esto sólo se construye andando por territorios totalmente desconocidos y de incertidumbre. El ser humano tolera mal la incertidumbre.

Todos aquellos que en esta nueva etapa del retail queramos estar entre las empresas más eficientes y escoger el sendero de la derecha, vamos a tener que hacer un trabajo y, más que físico, va a ser psíquico y emocional, para retar nuestro status quo y probar y probar sin miedo hasta dar con la siguiente innovación que nos permita volver a estar a la derecha del eje y ser de los más ricos.

MERCADONA es una gran empresa, un gran ejemplo. Es el líder indiscutible de la alimentación. Es la cadena de supermercados dominante en España, y su propietario la segunda fortuna más grande de España. Pero su modelo de negocios versa sobre consumos primarios donde domina el control de los costes, por tanto su modelo de gran éxito para una empresa primaria en el consumo que se halla a la izquierda del eje de la innovación, si se implantara en una empresa que se halle a la derecha del eje, es decir, innovadora, la arruinaría.

El retail que elija la derecha del sendero necesitará crear un modelo de gestión nuevo y muy distinto, dominante en la línea de pensamiento de la creatividad, para crear modelos generadores de ingresos. Eso no quita que siga siendo muy importante la gestión de los costes, que no deja de necesitarse, pero la clave estará en poner el protagonismo de la empresa en lo que permita crear un modelo generador de ingresos.

Hay líneas de pensamiento que llevan a distintos universos y modelos empresariales: el de la gestión de los costes o el de la creación de ingresos. Para gestionar los costes, necesitas darles la dirección estratégica a los gestores, y las decisiones que se tomen al final estarán sobredeterminadas por lo económico. Aquí vuelve a aparecer la línea de pensamiento dominante de la revolución industrial, que era la económica, de ahí que el retail, durante la era global, fuera dominante en estructura de costes. Pero ahora, para aumentar los ingresos necesitas darle la dirección de la compañía a creativos e inventores, antagónicos en nuestra construcción psíquica con los gestores.

No se trata tan sólo de a quién le das el liderazgo, sino a consecuencia de ello, cuál es la línea de pensamiento que se crea en todos los rincones de la compañía y que es lo que sobredetermina la mayoría de las decisiones relevantes y estratégicas en el retail.

Antes era lo económico, en esta nueva era debe ir poco a poco pasando al pensamiento de sumar valores a la empresa, y esto es algo que el Ceo tendrá que defender especialmente frente al consejo de administración y accionistas, cuando éstos reclamen poner el foco en lo económico. Hacerles entender que, si no suman valores a lo que fabrican, intangibles, no existirán en menos de una década y que, por el bien de la empresa y accionistas, su trabajo es defender los valores que representan para la sociedad por encima de lo económico, porque se va a convertir, en una década, en la parte más trascendental de lo que fabrican, aquellos que quieran estar a la derecha del eje evolutivo. Los valores no se fabrican, se tienen, y defenderlos supone un coste económico a corto plazo.

El modelo de retail de gestión de costes en la empresa necesita, y se llena, de gestores cualificados. Renuncian a una mayor parte creativa por su alto coste y riesgo, por aversión al riesgo, al de la innovación, a crear, porque crear tiene riesgos importantes. En el mismo momento en que dejas de arriesgar en innovar, se inicia el fin de la empresa. Pasan de intentar liderar algún segmento a intentar adquirir tamaño como única forma de protegerse de las amenazas de otros grupos que luchan por la misma, donde la clave está en quién absorbe a quién, para que se imponga en la nueva empresa resultante que dominarán, en el siguiente estadio, los directivos de la que ha triunfado. Empresas dominadas por personas que saben gestionar muy bien una estructura de costes, pero que tienen una estructura que les cuesta mucho crear, así que buscan mantenerla aumentando en tamaño. Son grandes financieros capaces de atraer al capital como materia prima clave en su capacidad de crecimiento y que ofrecen certeza, seguridad y estabilidad.

Este modelo tiene una analogía inmensa con lo que Robin Dumbar nos habla en su libro "Human Evolution": las razas que son sociales lo son para protegerse de la amenaza de otros y de otras especies o de su misma especie. En esta evolución del sapiens, de los homínidos, el tamaño del grupo es fundamental, ya que a mayor tamaño e individuos que absorbas en la tribu, menos vulnerable será el jefe de la tribu de caer bajo la invasión de otros. Lógicamente, el pueblo no desaparece, por lo general se fusiona. Los jefes de las tribus y clanes dominantes caen al llegar el nuevo dominador.

Como veis de nuevo, la parte más primitiva del ser humano aparece sin darnos cuenta y se halla en algún lugar de nuestro inconsciente, porque nuestro inconsciente domina nuestros actos y vida sin darnos cuenta, mientras juramos y perjurarnos que no es así, porque somos racionales y estudiados en tal o tal escuela, y creemos basar nuestras decisiones en datos. Pero nos sobredetermina sin darnos cuenta.

Como vimos, la curva de la vida de la línea de pensamiento de la era global, pasaba a estar totalmente invertida en la era de la creatividad, pasando el negocio a estar en los laterales, el territorio de lo distinto, que será la palabra que domine en esta nueva era, en lugar de la palabra global. Esto, para los inversores, implica un cambio sustancial.

Los inversores sufren también la necesidad de elegir si estar a la derecha o a la izquierda del eje evolutivo. Los que elijan el lado izquierdo van a comenzar por una encarnizada lucha de fusión y absorción, y la desaparición de un porcentaje muy elevado de los grandes vehículos de inversión, que competirán unos con otros por un territorio, el global, que cada vez más se encogerá también para ellos. Una muestra es lo que le está sucediendo al negocio bancario y financiero.

Estas grandes corporaciones deben tener, además, mucho cuidado con sus carteras, tanto de activos inmobiliarios como de participaciones en empresas, ya que los inmuebles destino de empresas globales, como las participaciones de las empresas globales, van a contraerse de forma muy importante. Esto implica que ya muchos de ellos tienen una burbuja en las inversiones realizadas en los activos destino de empresas globales, que están, y seguirán, perdiendo valor en la próxima década, depreciándose y haciéndose clave para su subsistencia, la reestructuración de sus carteras, si no quieren exponerse a una burbuja en su cotización cuando pierdan valor y ya sea muy tarde para sacarla de sus carteras.

Éste es, por tanto, el momento más clave de los últimos 50 años, para hacer un profundo análisis de las inversiones inmobiliarias y reordenar las carteras patrimoniales, porque quienes no lo hagamos perderemos la mayoría de nuestro valor económico, y figuras que parecían impensables desaparecerán bajo las consecuencias que el fin de la era global tiene en nuestras inversiones inmobiliarias. Y, para hacer esa reordenación, no podemos hacerlo con la visión de las empresas globales ni moviendo grandes números, necesitaremos bajar al detalle del pequeño número y cada lugar. Es, por tanto, la reordenación de las carteras patrimoniales una de las claves para no desaparecer por parte de las grandes figuras de la inversión inmobiliaria, pero también de las family office y los inversores individuales.

En el capitulo de la distribución, se hace clave saber cuáles de sus inversiones son de categoría A, B, C, D o las nuevas y emergentes ZETa. Necesitamos sacar de nuestras inversiones los activos e inversiones en países, ciudades, centros comerciales, calles y locales comerciales de categoría C y D con urgencia, y reposicionarlas en ZETa, para lo que se necesita una mentalidad inversora muy distinta empezando por el tamaño de dichas inversiones o, en su defecto, podremos invertir en A o B. Pero para conocer cuáles son estos activos, se requiere el ejercicio de la profesión inmobiliaria de una forma distinta que aún no existe. Necesitamos un nuevo tipo de asesor en todos los ámbitos, y en el inmobiliario en concreto, que reúna el estudio y conocimiento de cada ciudad para traducirlo en un conocimiento asequible para estas empresas inversoras, para que puedan acceder, a un precio soportable, a esas inversiones.

Así mismo, mientras el mundo de la inversión global versado en el precio y las estructuras de costes se encoge, aparece un nuevo tipo de inversor que va a ver aumentada su cuota de mercado y su rentabilidad. Un perfil de inversor al que le importan los valores y es capaz de entender este nuevo tipo de economía dominante, versada no en el precio sino en el valor. Son mentes, formas de pensar, de entender la inversión, que tienen estructuras y una red de colaboradores que pasan de darles un conocimiento global, a empresas que les den un conocimiento de lo local, de lo peculiar de cada lugar.

Porque las nuevas empresas, más eficientes, versadas no el precio sino en la capacidad de crear valor, saben que el perfil de inversor que necesitan para sus empresas es un perfil nuevo y emergente, que comparta también los mismos valores, para hacer posible que la toma de las decisiones en el consejo de administración no esté sobredeterminada por lo económico, como seguirá pasando en los inversores que elijan la izquierda del eje evolutivo, sino sobredeterminada por los valores e intangibles que vende la compañía.

Así vamos a ver encogerse mucho, posiblemente hasta en un 50%, el perfil de grandes fondos inversores globales de grandes tickets (como sucede en el resto de la sociedad con la merma de lo global), y aparecer y crecer mucho el mercado para este nuevo tipo de inversores, de tickets más atomizados. Será muy difícil ver incrementar la rentabilidad de la inversión sin menguar su tamaño.

El haber, durante la era global, invertido en locales y Centros Comerciales, colocando el foco de atención en la repercusión por metros cuadrados, deberíamos hacerlo atendiendo al dimensionamiento óptimo y máximo. El dimensionamiento óptimo es aquél en que mayor rentabilidad se obtiene por cada metro cuadrado, porque suma más valor a los arrendatarios, y el dimensionamiento máximo es la cifra a partir de la cual sumar metros cuadrados resta valor al activo y lo debilita. Así ha sucedido que las inversiones inmobiliarias que los grandes fondos de inversión, que tanto han invertido en el mundo en la ultima década, han exigido que al menos fueran tickets de 10 millones de euros, ya que su estructura no era eficiente ni rentable en su gestión si los tickets de sus inversiones eran más pequeños, porque si en vez de un activo de 20 millones tienes 7 de tres millones de euros, necesitas más personas para gestionarlos y eso representa aumentar el coste de la gestión, y como son gestores que se llevan un porcentaje muy pequeño por gestión, necesitan colocar mucho dinero en los tickets más altos posibles. Esto ha llevado a la industria inversora a llenar sus carteras inmobiliarias y de inversión de activos, locales, centros comerciales, etc… cuyo usuario principal, y casi único, son las empresas globales.

Ahora, dime, ¿Qué va a suceder cuando lo global se encoja un 60% y pierda valor? Pues que se quedará el 60% de sus activos vacíos, sin posibilidad de reposición, y aquellos que lo encuentren será a un precio cada vez menor, porque además los nuevos actores dominantes, en lugar de las empresas globales, van a ser pequeños empresarios locales, que necesitan locales más pequeños y, en muchos casos, en otro tipo de calles.

Esto conlleva, además, una consecuencia brutal sobre las estructuras de costes de las sociedades inversoras porque, para acceder a rentabilidades más altas, mayor seguridad, menor rotación, necesitan invertir en locales, centros, calles, de activos más pequeños, de tickets más bajos y de mayor coste de gestión, salvo que aparezca un nuevo tipo de asesor con el conocimiento de lo peculiar de cada lugar que les permita adaptar sus inversiones a cada ciudad, cuyos costes van a ser superiores a los que tenía, pero también sus rentabilidades. Tickets más pequeños, atomización también para la industria inversora.

Estos fondos tienen, en su mayoría, que analizar con expertos sectoriales locales, en lugar de las tradicionales grandes multinacionales con las que trabajaban hasta ahora en el sector inmobiliario, y revisar sus carteras de inversión, ya que éstas tienen, en su mayoría, una gran burbuja a punto de ponerse en evidencia, cuando el online toque techo y caiga, y ya sea tarde para reposicionar las carteras, porque se haga evidente que lo que sucede es que se ha acabado la era global y la revolución industrial.

Al retail no le sucede nada, es a nuestra sociedad, y es tan simple como que se ha acabado la era global y los actores y figuras de los sectores inmobiliario y del retail van a mutar desde sus formas de la era global a una nueva forma.

La burbuja del online está tirando hacia abajo las rentabilidades de los activos de categoría A y B, que se dispararán cuando caiga burbuja Online en, ¿8 a 10 años?

Ahora los de más rentabilidad, revalorización y seguridad serán los opuestos, calles ZETa con locales mucho más pequeños, también en A B, y sólo es posible con tickets muy por debajo de 10 millones €, que permiten colocar de 1 a 6 millones € de una sola vez, lo que es una dificultad para los grandes inversores. Uno, porque tienen sus carteras llenas de activos globales que van a caer mucho de valor, y dos, porque su estructura de costes y estructuras de colaboradores internacionales no tienen ni pueden adquirir ese conocimiento local. Luego van a necesitar no sólo analizar sus carteras, sino hacer algunos cambios en sus estructuras de empresas y con quiénes se asocian.

Así pues, el mundo de la inversión va a sufrir una fuerte evolución y también el del asesoramiento inmobiliario. Los que se queden a la izquierda del eje evolutivo van a entrar en un proceso donde cada vez el dinero vale menos, es menos determinante en la construcción de riqueza final.

Esto implica que, si las empresas creativas capaces de sumar valor son cada vez más valiosas en la generación de riqueza, y el dinero cada vez cuesta menos y es más abundante, el porcentaje de participación que los inversores percibirán por su dinero va a ser también menor de lo que lo era antes. Si antes 2/3 de la riqueza la generaba la innovación y sólo un 1/3 el dinero, este porcentaje del dinero va a minorarse, a tener menos peso el dinero en el reparto de participación en el negocio.

El dinero va a ser cada vez más abundante para los emprendedores y tendrá un coste menor, puesto que estos grandes fondos de inversión que captaban el dinero de los ahorradores para invertir, ahora van a ver crecer el crowd funding y otras figuras que sociabilizan también la inversión, dando acceso directo a los pequeños inversores o ahorradores y la inversión colaborativa, que van a permitir hacer llegar de forma directa el dinero de millones de personas en lugar de conducirse por los vehículos de la banca y los fondos de inversión tradicional (que, además, serán cuestionados por sus burbujas que van a aflorarse por el fin de la era global, ya que están llenos de activos pensados para ser explotadas por empresas globales).

No se nos escapa que la banca lleva más de una década viendo encogerse su cotización en la bolsa y, cada vez, sufriendo más y más. Es la consecuencia directa y sorda del fin de la era global y la revolución industrial, durante la que fueron una de las grandes figuras dominantes, pero eso está cambiando para siempre. La banca y las finanzas serán de los sectores que mayor transformación van a sufrir porque, como expliqué, el dinero pierde valor y el dinero es su materia prima, por eso se encoge su negocio.

Esto implica para la banca y los inversores que se queden a la izquierda que, cada vez más y más y más, tendrán que ir achicando sus estructuras de costes frente a nuevos competidores, que están más cercanos a las personas y, por tanto, les suman más valor, por lo que estamos dispuestos a pagar un poco más con esas nuevas figuras financieras.

Los inversores que deseen estar a la derecha van a tener que crear estructuras distintas, capaces de llegar a un negocio cada vez más atomizado para ellos también, e irán descendiendo los tickets que pueden colocar por una sola vez en cada inversión, obligándoles a tener una estructura con costes superiores, tanto internos como de los asesores de los que se rodeen. Para compensarlo, necesitarán ser capaces de sumar más valor a sus compañías, y esto representa que cambiará el perfil de con quiénes se van a asociar, y necesitarán asociarse o tener el asesoramiento de empresas que tengan el valor del conocimiento peculiar de cada lugar para elegir bien sus inversiones, que tendrán un retorno y rentabilidad mucho mayores, aunque con tickets mucho menores.

La necesidad de sumar valores a las empresas, para poder estar entre las más rentables, va a requerir un perfil nuevo de inversor y accionista. Porque estas empresas, para subsistir, van a necesitar que lo que sobredetermine, en la mayoría de las ocasiones, sus decisiones sean los valores y no lo económico. Porque aquella empresa que quiera estar a la derecha del eje y sumar valores a su ecuación, pero luego estén sus decisiones sobredeterminadas por el precio, no podrán transformarse para estar a la derecha del eje.

Así, dos tipos de empresas, a izquierda y derecha, que necesitan formas totalmente distintas de pensar el negocio y el dinero y que necesitan de perfiles de inversores completamente distintos.

Dos formas distintas de generar riqueza, ambas igual de válidas, la que salta de la curva del precio y la que cabalga sobre la línea del valor. La del precio para empresas a la izquierda el eje evolutivo, como el online, los básicos y las marcas que luchen por la posición mundial.

Así, para las empresas que elijan el sendero de la izquierda, la clave seguirá estando en el tamaño y el precio, y para los que elijan el sendero de la derecha, la clave estará en el valor y los intangibles.

CAPÍTULO 9.- EL MARKETING

Nos dicen los mismos marketinianos que el 50% de las acciones de marketing no sirven para nada, no generan nada, se desperdicia, es dinero tirado a la basura. A la vez, el marketing que creamos durante la era global, al sumársele las redes digitales, que están siendo usadas para amplificar el marketing masivo, provoca que, además, una parte muy importante de las acciones de marketing y comunicación que tienen un impacto sea, no sólo neutro, sino negativo. Es una consecuencia de la burbuja que la línea de pensamiento global tiene sobre el marketing y las estrategias de las compañías

Por ejemplo, las infinitas llamadas de las empresas de telefonía, seguros y otros gremios haciéndonos ofertas al teléfono, intentando captarnos, y que sólo consiguen enfadar a las personas.

Hoy sabemos que, cuantos más impactos de marketing haces, más vendes por lo general, unos más y otros menos, pero también sabemos que cuando desciendes la inversión en marketing las ventas caen, y de eso quiero hablar.

El marketing que tenemos pertenece a la escuela que nació durante la era global, en cuyos inicios comenzó a desarrollarse el actual marketing, construido en la era en la que la marca se dirigía a una masa de consumidores (confundiendo personas con consumidores) a través del marketing masivo. Hecho para hacer muchos impactos y conseguir que suban las ventas de forma espasmódica, es decir inmediata, automática, como única forma de medir su valor.

Impacto, venta. Impacto, venta. Impacto, venta...

Cuando llegan las crisis y los gestores tienen que reducir los costes, a lo primero que le meten la mano es a la cuenta de gastos de marketing, una de las más importantes en volumen y una de las que más dinero necesita. Así es que, cuando reducen la inversión en marketing, se reducen las ventas.

Es decir, que la comunicación de hoy en día se desvanece cuando no hay impactos. Pues, en mi opinión, ésa es la siguiente evolución que debe realizar el marketing. Crear una comunicación que haga asociarse a las marcas en la mente del consumidor, de forma que esté presente durante mucho tiempo o incluso durante toda la vida de las personas.

El marketing de la era de la creatividad necesita sumar la forma de construir una relación que provoque, aun sin impacto directo de comunicación de la marca, que sigamos presentes y prefieran nuestra marca.

Un marketing que sume al retail una de las herramientas que éste necesita para evolucionar y volver a ser deseadas, que les permita cruzar el eje evolutivo y pasar al sendero de la derecha, sumándoles valores a la ecuación que ya teníamos de: producto, gama, diseño, precio. La próxima evolución para empresas, marcas, productos, centros comerciales y empresas de cualquier índole, es sumar valores.

Las herramientas y técnicas que permitan hacerlo aún no se han inventado, porque el marketing que tenemos de la era global trabaja mucho desde la consciencia y, en su mayoría, no sólo no nos sirve, sino que se está usando para aumentar la distancia entre las personas y las marcas. Y un ejemplo claro de esto es la gran burbuja que hemos montado con las redes digitales, que están claramente infladas y sobrevaloradas.

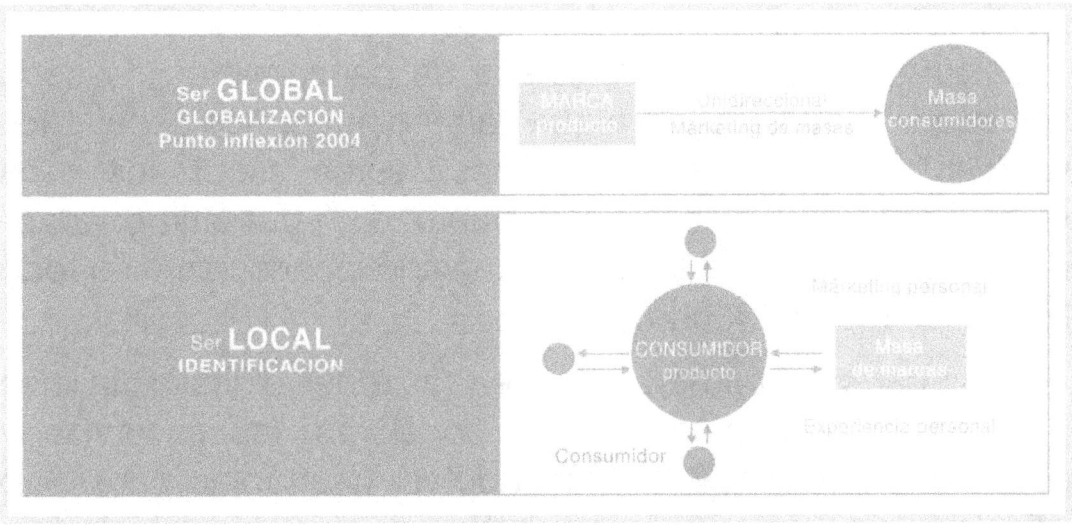

El marketing actual responde a esferas poco evolucionadas de las sociedades, muy físicas, de cuando el producto era algo que se hallaba dentro de la esfera de la empresa o/y marca.

Pero esa industria que vio aparecer al iPhone y acto seguido a las redes sociales, fue enseguida inducida, absorbida por la línea de pensamiento dominante, para la que también trabajábamos condicionados por la industria del marketing.

Sólo importaban las ventas, las acciones que traían una venta inmediata, el número de impactos; ahora el número de clicks y seguidores, versados sobre la cantidad (el tamaño de nuevo) y no la calidad.

Así la línea de pensamiento dominante no supo entender, entre tantos estudios de marketing que investigan a base de estudios de mercado tradicionales, basados en variables geográficas y en preguntar a las personas, que hay que saber escuchar a las personas lo que dicen, entre lo que dicen.

Que las personas decimos una cosa, pensamos otra y hacemos otra totalmente distinta. Que lo que importa es qué es lo que nos mueve a hacer lo que hacemos, lo que implica un estudio muy distinto de las personas antes que del consumidor, comprendiendo las líneas de pensamiento de cada sociedad. Luego, viendo a qué valores queremos asociarnos y, después, con qué significantes están asociados esos valores para esa sociedad o comunidad. Y, por último, adaptarlo a ese lenguaje que hemos definido inconsciente en todo lo que les rodea. Mucho más sutil.

Al aparecer internet, el online y las redes digitales, la línea de marketing dominante las hizo suyas, las esclavizó y convirtió de nuevo, prostituyéndolas, usándolas para algo para lo que parecían estar hechas en su origen.

Uno de los problemas más importantes que había provocado la crisis en la que se hallaba el retail era el abuso de mensajes, impactos y estímulos, hasta tal punto que las personas teníamos los sentidos irritados. De tantos anuncios en Tv (ahora le suman los leds en los comercios y centros comerciales), el olor de cada tienda, los anuncios en todos sitios, desde la vía publica en nuestro coche o sentados en el sofá de casa, fueron aumentando y ahora les suman los mails y las redes digitales. Nos llaman a los móviles y así hasta llegar a recibir mas de 3.000 impactos de comunicación al día, según dicen algunos expertos. Sea cual sea el número, un exceso y un abuso que el marketing aumentó con los avances tecnológicos. Ahora nos amenazan con el Big Data, ofreciéndonos el producto que creen que queremos, antes incluso de que lo deseemos. Han perdido el hilo más importante, y es que lo más rentable y mejor para todos no es que se lo demos antes de que lo necesiten, sino que debemos despertar su deseo.

Precisamente, estamos aumentando la distancia con las personas, porque nada ha cambiado de forma sustancial, en el marketing tampoco. Están pensando cómo hacer más y más impactos.

La siguiente evolución en el marketing consiste, como en el resto de industrias, en equilibrar, mantener el marketing masivo contenido dentro de unos límites que sobrepasó hace mucho. Comunicación, no de las empresas a las personas, sino de las personas a las empresas, porque no puede ser de otra forma, al haberse invertido y haber pasado el producto más valioso de estar en las empresas y residir en la marca, a estar y residir en las personas.

Así pues, los valores no se crean en una fábrica en Asia. Se tienen y no se pueden construir ni comunicar con las técnicas de marketing y comunicación que ahora tenemos. Necesitamos crearlos en términos de las líneas de pensamiento y vista la comunicación desde el ser humano. El marketing que ahora tenemos es de onda corta u onda media. Es decir, provoca una reacción al estímulo muy rápida en el tiempo y se desvanece muy rápida.

Hay dos tipos de herramientas de comunicación nuevas que el marketing necesita crear y sumar a la ecuación de la evolución de nuestra sociedad: una es de onda larga y la otra de permanencia.

La de onda larga permanecerá mucho tiempo en la mente de las personas, surtiendo su efecto en la creación de esa relación nueva de valor y, por tanto, con la venta que se realiza muy alargada en el tiempo. Entramos a formar parte del universo de un perfil de personas con unas líneas de pensamiento dominantes sobredeterminadas por cuestiones muy específicas. Así formaremos parte de su universo personal durante mucho tiempo, hasta que la evolución de cada individuo o de la sociedad en la que se halla termine por alejarlo. El efecto de esta comunicación es de onda larga, permaneciendo su influencia durante mucho tiempo.

Las de permanencia simplemente nos hacen estar el

resto de su vida en relación con esa persona y en la respuesta estimulo.

De tal forma que, ambas, tanto la de larga duración como la de permanencia hagan que, cuando el consumidor tenga un panel de marcas no sepa por qué, pero prefiera y elija la nuestra. Que cuando nuestro competidor haga un impacto de comunicación, trabaje recordándole a nosotros, porque al estar asociados en la mente del consumidor a un mismo sentimiento, al despertarle esa marca ese mismo deseo al que también respondemos nosotros, le esté recordando a nosotros y nos prefiera, porque para él nosotros tengamos más valor.

El marketing tendrá un nuevo ámbito de trabajo, pasará del mundo de lo tangible, la necesidad y la consciencia que es a lo que llega la mayoría del marketing actual, al del marketing de los deseos, lo psíquico y la comunicación inconsciente, para asociarse en la mente de las personas con valores.

Más sutil, más lento, pero que queda a la larga asociado a algo positivo en nuestra mente.

Ahora el producto es la persona, cada persona quiere venderse y adquiere marcas que sirven para comunicar lo que quiere vender de sí misma.

Lo que uno compra habla de uno. Hoy en día, más allá de las modas, cada uno tiene un estilo de vida, unos valores, algo con lo que identificarse, y busca marcas que transmitan esos valores, ésa es la siguiente evolución que necesitan sumar las marcas. Lo importante no es actuar sobre lo que las personas puedan decir en redes digitales, contrarrestándolo, sino actuar sobre cómo eres como marca y qué representas para esas personas. Actuar sobre las marcas, no sobre las personas, y sólo se puede hacer asociándonos con líneas de pensamiento en cada lugar.

Porque ¿cómo vas a asociarte con unos valores si no los compartes firmemente, si no es de verdad algo que siente y forma parte de ella? Necesitamos herramientas para alertar cuando se toman decisiones internamente que están poniendo en peligro esos valores. Si no consigues que la empresa los sienta y los transpire por los poros, no podrás sumar esos valores en la mente del consumidor, porque inconscientemente el consumidor lo va a detectar.

El mejor exponente que nos muestra ese camino de empresa comprometida con los valores, y cómo debe hacerse, es PATAGONIA. Su compromiso social le ha llevado a decir públicamente, usando la marca y sus productos para hacerlo, para defender los valores que representa, aun sabiendo que le supondrá perder clientes y que haya personas que no se identifiquen o se sientan molestas con lo que dicen, perdiendo algunas ventas. Pero anteponen que lo que venden no es un producto físico sino, sobre todo, un producto psíquico, que es lo que más vale. Ésta es una empresa en la que claramente la toma de las decisiones estratégicas no está sobredeterminada por lo económico (perfil empresa del pensamiento de la era global y la revolución industrial), sino sobredeterminada por los valores que representa en la sociedad.

Los valores ni se construyen ni, y esto es lo más importante, se comunican. Son las personas quienes, desde fuera de la empresa de forma natural y sin estar manipuladas, deben ir contando en la sociedad los valores que representas porque, si los cuentas tú, no es creíble.

El abuso que hicimos en la anterior era hace que las personas hayan perdido la confianza en las marcas y lo que éstas dicen. Hoy pensamos que sólo dicen lo que creen que queremos oír para vendernos productos. Por tanto, ha cambiado la forma de comunicación, son las personas las que han de llegar a esta conclusión por completo.

Por eso es tan importante dimensionar, eliminando muchos de los impactos masivos que el marketing hace y a eso es a lo que me refería con que parte de ese 50% que dicen que sí sirve para algo está sirviendo para algo negativo, porque si es la compañía, o se percibe que es ella la que está detrás de lo que se dice, pierde credibilidad y la gente se protege contra esa posibilidad, pensando, a partir de ahí, que están usando un valor para vender más producto.

Por eso, los valores no se comunican, no se construyen desde dentro de la empresa hacia fuera, sino hacia dentro, y es un proceso muy lento y comprometido, porque implica un tipo de inversores y accionistas que sean afines a ese valor, que para ellos tenga, al menos, el mismo peso específico que el dinero, para que en las decisiones estratégicas, pero también en las pequeñas del día a día de los empleados y proveedores, sea el valor el que sobre determine las decisiones, no lo económico.

Eso no implica que no haya decisiones sobredeterminadas por lo económico, seguirá habiéndolas, pero ya no sobredeterminará lo económico el 95% de las decisiones, que ahora será el 80%, e irá menguando año a año ese porcentaje que irá siendo conquistado por los valores porque cada vez éstos, poco a poco, irán haciéndose más monetizables.

Esto implicará en muchas ocasiones perder cuota, dinero o negocios en defensa de los valores.

Asociar la marca en la mente de las personas de una comunidad con unos valores no es algo que puedan hacer desde dentro de su esfera, es algo que alguien debe hacer por ellos desde fuera, para que sea auténtico y creíble.

Un nuevo marketing que debe sumar las humanidades, como parte más importante, y el estudio del ser humano.

Necesitamos construir una nueva teoría del marketing

avanzada, aún no existente, de su forma de estudiar los mercados, ahora más pequeños y ya no globales, y que no pueden soportar grandes presupuestos y costes de investigación. Segmentarlos, no ya por variables geoestratégicas, sino por las líneas de pensamiento, para ajustar el lenguaje a lo peculiar de cada lugar, para conseguir sumar valores dentro de ese grupo según sus líneas de pensamiento que, inconscientemente, asocian unos elementos distintos con sus valores, de lo que lo hacen otras sociedades. Y que se produzca desde las personas hacia las empresas.

Recuerdo haber buscado en internet sobre las mejores galletas de Nueva York y en las redes encontré en varios listados y sitios que coincidían en nombrar a un dominante, una tienda del barrio judío.

Así que madrugué como nunca, llegué hasta allí, esperé de los primeros en la cola esperando a que abrieran y luego a que me sirvieran, cogí una galleta de cada variedad y me fui al Central Park, a un lugar en lo alto de una roca. Me senté en un banco a la sombra y ¡madre mía! ¡Qué galletas más mediocres!

¿A quién no le ha pasado eso? Así como nos cuenta Seth Godin, sólo 1 de cada 10 dólares que generan las redes sociales le llega a la empresa anunciante, siendo un gran negocio para las empresas propietarias de las redes digitales, pero no para las empresas.

Así es como ahora cada persona hace por sí sola un montón de impactos al día con las RRDD; al final, en cuánto hemos ampliado el número de impactos cada uno. Eso hace que, para ser efectivo, cada vez haya que hacer mayor cantidad de impactos, porque no se nos oye entre tanto ruido.

Una espiral incesante de impactos de comunicación que invaden la esfera de la privacidad de las personas. Así es como el emailing, que antes servía de algo, hoy ya sirve de poco.

La mayoría de las experiencias que hacen las empresas son bonitas ocurrencias que desactivan el perfil de consumidor que les interesa. Las experiencias beben de la misma escuela del marketing primario, que se ha conducido en el número de los impactos masivos que intentan llegar a los individuos. Individualización y personalización quiere decir impactos que no sólo no suman en positivo, sino que lo están haciendo en negativo, así vemos cómo las empresas y el universo del retail no dejan de ver caer sus cifras y siguen buscando la salida en el internet, el online, el Big Data, las experiencias, y en breve empezarán a hablar del neuromarketing aplicado al consumo.

Hay que reducir de forma drástica el número de impactos y debemos crear un nuevo método de comunicación de onda larga y de permanencia, que permita asociar las marcas en la mente de las personas con valores, adaptándose a lo peculiar de cada lugar, y que no surge de la empresa. Surge desde las personas, ellas son las que deben hacer el camino para acercarse.

¿Cómo conseguir eso? Pues ésta es en mi opinión: con la siguiente evolución por implementarse en nuestra sociedad desde el marketing, necesaria para colocarse a la derecha del eje evolutivo.

CAPÍTULO 10.- MARCAS Y MODA

Todo lo que recogemos en este capítulo por marcas vale por igual para las empresas que sean globales en cualquier ámbito, y muy especialmente a la moda, en la que todo esto tiene una afección mucho más profunda y un reto más complejo por ser una línea dominante, no sólo durante estos 50 años de era global, sino durante 250 años de revolución industrial y, por tanto, más relevante que el fin de la era global.

Hablo del fin del pensamiento de la revolución industrial que duró 250 años, en la que la industria textil fue la industria más relevante y se transformó como producto más valioso en su última etapa, la era global, en las marcas y la moda. Dentro de la revolución industrial, la era global es sólo una pequeña parte. Por tanto, la moda se ve aún más afectada y con mayor contracción que lo global y el precio, porque es una línea dominante durante los 250 años de revolución industrial.

En el pasado, en las etapas anteriores, las empresas fuimos añadiendo a cada etapa evolutiva distintas cosas. Primero fue el producto físico.

Luego apareció la tecnología. La primera cortadora de embutido que apareció en los comercios de alimentación, que entonces eran también consumo social, era tecnología, y ¿adivina qué más? Era una experiencia. La gente se agolpaba en fila en la puerta para comprar allí sin importar la calidad y el precio. Lo importante era la experiencia.

Luego aparecieron las marcas, el diseño del producto, la gama de producto, las marcas internacionales a las que siguieron las multinacionales, los retailer, las empresas globales, entre medias añadieron el merchandise, el interiorismo, la arquitectura, el diseño... Todo muy físico, muy tangible, muy racional. Por último, durante el tramo final de la era global, apareció el precio.

Así, tras el fin de esta era global que se está transformando en la sociedad de la era de la creatividad, aquellos que deseen seguir evolucionando para permanecer a la derecha del eje de la evolución necesitan seguir sumándole cosas distintas o valores. Pero éste es el reto que las marcas no están consiguiendo hacer, porque aún estamos manejando las palabras, las líneas de pensamiento, las herramientas y las técnicas de la anterior era.

Como ya hemos explicado antes, aún no están construidas las herramientas que permitan sumar valores a las marcas, pero es sólo cuestión de tiempo, tan pronto nos demos cuenta de que estamos usando las palancas de las mismas palabras del pasado o sinónimos.

La era global, en su etapa final, llevó a una burbuja ideológica sobre las bondades de lo global, que tiene muchas cosas buenas, pero asoció en la mente de las personas más de las que tenía. Desde todos los ámbitos de referencia de la sociedad, desde los grandes economistas a las escuelas de formación, los políticos y los empresarios, etc... la sociedad entera.

Una consecuencia de esa burbuja ideológica es que lo global fuera económicamente muy bien retribuido y aceptado en términos de consumo social, que se sumó a la moda, que ya era antes dominante ideológicamente durante los 250 años de revolución industrial. Eso llevó a que, hasta hace poco, lo global, la moda y las marcas estaban al 140% de su valor real y esto, al transformarse, lleva inexorablemente a la consecuencia de que lo veremos caer hasta, quizá, el 50%, como se produce siempre en la curva de las líneas de pensamiento donde hay un rebote hacia abajo por debajo de su valor, para luego volver a recuperar parte hasta quedarse en su valor real. No sé cuánto tiempo llevará ese rebote, si 5 ó 15 años, pero si estoy en lo correcto, supone pasar del 140% al 50%, es decir, que podríamos ver hasta menguar el negocio en un 64% para las empresas globales, marcas y moda, salvo que se transformen a lo dominante en la nueva era de la creatividad. Pero, para ello, necesitarán elegir el sendero de la derecha del bosque, para quedarse a la derecha del eje evolutivo.

Hemos llegado, en este largo paseo por el bosque de la revolución industrial, en el último tramo por el sendero de la era global, a un punto en el que ese camino se nos abre delante en dos senderos, uno a la izquierda y otro a la derecha, que van en direcciones opuestas y cada vez se irán separando más entre ellos.

Las empresas globales, las marcas, la moda, pueden y deben elegir uno de ellos de aquí en adelante. El de la izquierda lleva a la izquierda del eje evolutivo, ese mercado en el que sólo se responden y satisfacen necesidades, las del consumo primario, donde prima el coste, el precio, el tamaño, y donde cada vez irán siendo más grandes las empresas, y quedando menos empresas, por fusión-absorción o desaparición. El sendero de la derecha del bosque nos lleva a la derecha del eje evolutivo, que es capaz de despertar el deseo y responde al mundo del consumo social.

Puedes elegir luchar por la posición a la izquierda del eje. Pero, como bien han visto ya las empresas, al evolucionar y quedarnos a la izquierda del eje hace que nos convirtamos en un producto básico, donde lo que pesa es el precio y la conveniencia y donde hay muy pocos márgenes.

Incluso a las marcas de lujo como Louis Vuitton, lo que les hace entrar en el perfil de producto primario o básico y por tanto de los que van a desaparecer o contraerse, no es el precio sino la función que cumplen en la sociedad en la que se desarrollan y desenvuelven, y por tanto también la industria de la moda del lujo va a pasar a la izquierda del eje evolutivo, salvo que introduzcan cambios para evolucionar y permanecer a la derecha.

Para mantenernos o ganar cuota entraremos en una lucha feroz, constante e interminable, por absorber, ser absorbido o desaparecer. Será una lucha encarnizada, de ésas que no se acaban nunca, porque siempre aparecerá una nueva forma de abaratar los costes. Son empresas con gestores muy cualificados y eficientes, con una forma de pensar la empresa versada sobre la eficiencia de la estructura de costes.

A ambos les va a pasar algo muy parecido a lo que les pasó a los productos que llenan las estanterías de los supermercados, tanto los de Carrefour como los de Mercadona.

Hoy en día, todos los productos que encontramos en los estantes de limpieza de los distribuidores de alimentación son productos que fabrican unas pocas 20 empresas a nivel mundial, que copan el 90% del mercado mundial.

Debido a que eligieron el camino de la izquierda, el precio es el factor más determinante de su compra, y eso les empuja a que tienen que tener el mayor número de consumidores posibles, ya que manejan márgenes muy escurridos, medidos por céntimos.

Unas pocas y escasas empresas muy eficientes por volumen, pero muy bajas en margen porcentual y por tanto muy amenazadas, porque una ligera contracción del consumo del 10% los lleva a estar cerca de las pérdidas, y que seguirán y seguirán cada vez más y más, buscando la forma de ahorrar costes porque, si no, desaparecen.

Tengo la impresión de que, cuando acaben de escurrirse en precio, aparecerá una competencia local que los destrozará y los irá haciendo desaparecer. En la alimentación está comenzando a suceder, donde ya hay un consumidor que empieza a valorar más otras cosas que el precio, es decir, también terminará por llegar a la alimentación y creo que así les pasará también a las empresas globales que elijan ese camino. Y con esto se cerrará el círculo de la era global.

Lo dominante ahora, que nos permite pasar a la derecha del eje evolutivo, será lo distinto o las personas. Y me explico.

Lo distinto, porque la condición deseante del ser humano nos llevó en el pasado, nos lleva y nos llevará siempre, a desear cosas nuevas constantemente, haciendo que lo distinto siempre despierte nuestro deseo con mucha fuerza y, por tanto, nos coloque a la derecha del eje evolutivo.

Dentro de los productos que responden al consumo social, ésos por los que las personas siempre están dispuestas a pagar un poco más, y que representa multiplicar los márgenes y el ebitda, haciéndote dominante y pudiendo adquirir las posiciones de otros. Así aparecerán nuevas empresas de otros sectores e industrias y productos distintos emergentes, que van a ganar mucha cuota de mercado.

Por otro lado, al pasar la dominancia de las marcas a las personas, se encuentra un límite que no podemos traspasar sin causarnos un perjuicio. No podemos llegar al individuo y lo máximo que podemos acercarnos a él es a su grupo, y esperar luego a que algunas personas hagan el camino final de acercarse por elección a nosotros. Por eso llamaba la atención anteriormente de la necesidad de rebajar el número de impactos que causan asociaciones negativas. Esto se traduce, por parte de las marcas, en que deben adaptarse lo máximo posible a lo peculiar de cada lugar, porque es lo máximo que podrán acercarse a las personas sin causarse un perjuicio en la construcción de las marcas en la mente. Cuanto más sean capaces de adaptarse a grupos cada vez más reducidos, pudiendo sostenerlo su estructura de costes, más valor tendrá esa marca.

Recordar que hemos pasado de un retail escalable, versado en vender la mayor cantidad de cosas al mayor número de gente posible (lo que nos lleva al precio menor posible), a un retail adaptable, capaz de crear cosas de mucho valor para un número suficientemente grande de personas que permitan tu existencia, donde la clave pasa de la cantidad a la calidad (valor).

Así, pasamos de lo global a lo local, pero no porque ahora vaya de local o nichos, sino porque lo local o los nichos son una consecuencia de haber pasado de una sociedad que busca la felicidad en el tener (producto físico) a una sociedad que busca la felicidad en el ser (intangibles). No hay que olvidar que nunca se podrá llegar al individuo, simplemente porque somos un ser social, es decir, que no existimos como individuos si no es como parte de una sociedad.

Las marcas de moda podrán asociarse con esos productos o marcas de sectores nuevos emergentes distintos o con esas empresas locales con las que están identificadas las personas de cada lugar, como forma de mantenerse a la derecha del eje evolutivo, aunque tendrán menos fuerza y margen que esas empresas dominantes a las que se asocian.

Otra forma de evolucionar y permanecer a la derecha del eje evolutivo e ir por el sendero de la derecha será si las marcas consiguen sumar valores y en especial si además consiguen construirse en la mente de las personas como líneas de pensamiento.

Que ahora el producto más valioso sean las personas nos lleva a un "Retail desde las personas", e implica construirse desde las personas. Es decir, construirnos dentro de las personas, en su mente, asociándonos de forma positiva con cosas de mucho valor para ellos. Bien de valor para su grupo, barrio, comunidad o ciudad o sumando esos valores, que tendrán que construirse adaptados al lenguaje de cada comunidad y siguiendo sus líneas de pensamiento específicas.

Las empresas globales pueden adaptarse a lo peculiar de cada lugar y usar lo global para ser aún más evolucionadas de lo que lo fueron nunca. Pero para ello necesitan transformar el libro gordo de petete que construimos sobre las marcas globales, su interiorismo, los requisitos de marca, el rótulo, los colores, olores, etc... en lo distinto de cada lugar.

Un ejemplo: las marcas en su construcción del ideario de marcas globales crearon, en la última etapa, su propia fragancia para sus tiendas.

Pero, y ¿qué sucede si queremos que nos identifiquen con el valor del bienestar de las personas y el olor que elegimos en U.S.A. o Francia está identificado con el bienestar personal, pero en España está identificado en nuestro inconsciente con la muerte? No será lógico que en unas tiendas haya un olor y en otras, otro distinto. Pues ésa es la gran conversión que deben hacer las marcas globales, si desean usar su fortaleza de conocimiento, personal cualificado, estructura de costes, capacidad creativa y de gestión, para que se conviertan en un activo y no un pasivo.

Hace 10 años le decías a una marca que debía tener interiorismo distinto en cada lugar y te decía que eso era implanteable, que además todos tenían que usar los mismos proveedores, desde las bolsas a la indumentaria de los dependientes.

Si viajo de Madrid a Hamburgo y veo una tienda con el mismo nombre pero que significa cosas distintas, entonces no es coherente con esta nueva evolución que el retail necesita.

Pues ése es el trabajo en que deben invertir las empresas globales, llenarlo de nuevas profesiones, nuevos profesionales, y cambiar la forma de pensar de quienes teníamos en los equipos para crear una empresa que piense el retail de una forma distinta. Usar su estructura, que tiene un gran valor diferencial y es capaz de sumar mucho valor para adaptase a una nueva forma de pensar, distinta. Esto nos lleva a la gran dominancia de las carreras de humanidades como protagonistas de la formación y la profesión del presente en esta nueva era de la creatividad, donde no podía ser de otra forma, al ser las personas las protagonistas de esta nueva era y esta nueva "Revolución de la Humanidad". Personas, humanidad, humanidades, creatividad… Quien siga creyendo que el futuro está en el online y la tecnología va en sentido opuesto.

Pero eso tiene un coste muy elevado, ya que necesita una adaptación, no sólo del lenguaje tangible, sino de la arquitectura, interiorismo, etc… Sacrificar y renunciar a casi todo aquel libro gordo de petete de las marcas, que parecía irrenunciable, que va a haber que adaptar a la marca. Pero además su estructura de coste no está preparada para soportar esta adaptación, así que tienen dos opciones. Una, subir los precios a medida que sean capaces de sumar valor, y otra, que el retail va a necesitar también construir un nuevo tipo de empresas que adquieran para ellas ese saber hacer de lo peculiar de las personas de cada lugar para vendérselo a las empresas globales a un coste soportable para ellas.

Un ejemplo claro de los dos caminos del sendero del bosque.

Zara ha decidido reducir el número de sus tiendas físicas y reforzar el online. Además, esas tiendas son más grandes, porque son más baratas por metro cuadrado, ya que Zara ya no puede soportar los precios de esos locales en calles prime (A). Y, ¿dónde se hallan esas nuevas tiendas? Pues en las calles de barrio (C), precisamente ésas donde se lleva a cabo la compra de la cesta de la compra, de productos primarios y básicos. Esto quiere decir que estamos ya midiendo, en este tipo de calles, el aumento de consumidores de moda precio. Pues esas calles C son el mismo canal de distribución que el Online, comparten perfil de consumo y consumidor, son consumo primario. ¿Veis dónde va a acabar el online tras su burbuja? Esto afecta a sus estructuras de costes y su gran dificultad para crecer en un futuro muy cercano, llegado un punto.

H&M en cambio ha optado, creo yo, por tratar de evolucionar haciendo algo distinto. Así ha creado &nother Stories, que para mí va claramente en esa búsqueda de algo distinto.

Por último, hemos visto aparecer un ejército de marcas pequeñas más identificadas y muy adaptadas a lo peculiar de cada lugar, porque son empresas de ese lugar y por tanto con las que se identifican las personas del lugar. Como Renata&Co, Mulaya, EseoEse, Brownie, System Action, etc… con una gran construcción de marca, grandes profesionales a sus espaldas bajo el paraguas de empresarios locales, que trabajan para las personas de su entorno más próximo, que ya no lo hacen pensando en personas que están en lugares muy lejanos. Con unos valores distintos, que las personas hace mucho que inconscientemente empezamos a valorar más, y que es la razón por la que estamos volcando una parte de nuestro consumo, que antes hacíamos en grandes marcas globales o de moda, en estas nuevas marcas en las que el precio es algo mayor, pero no nos importa, porque ahora valoramos otras cosas también. Y este proceso sólo ha comenzado.

Si miráis al sector de la hamburguesa, ha sucedido lo mismo. La aparición de Steak Burger, Carls Junior, Hamburguesa Nostra, Goiko Grill y tantos y tantos sitios en todos los barrios, especializados en hamburguesa de calidad. Pues estos dos ejemplos de la moda y la hamburguesa, los he visto en todo U.S.A. y Europa en mi viaje de investigación.

Más pequeñas, adaptación al gusto local, personalizadas, adaptándose a lo peculiar de cada lugar, cambiando precio por calidad, producto físico por intangible.

Todo esto supone que todas las empresas globales que elijan el sendero de la derecha se van a encontrar en un mercado tremendamente atomizado. Esto es una consecuencia de la sociedad a la que nos dirigimos, más justa, donde se va a atomizar la riqueza, las oportunidades. Una sociedad más feliz y más evolucionada.

El online no es la causa sino un síntoma. En él no podemos encontrar una solución a lo que está sucediendo y sólo nos aleja más de la evolución que necesitamos transformar para poder permanecer. Aquellos que sobre inviertan en online y tecnología se arriesgan a arruinarse si invierten más de lo necesario, y se están asegurando quedarse a la izquierda del eje evolutivo, luchar por el precio, fusionarse o ser absorbido o desaparecer, en una angustia continua por rebajar costes.

Porque las empresas que necesitamos construir para estar a la derecha del sendero del bosque o las de la izquierda, son compañías con mentes totalmente distintas.

Las marcas no necesitan más online y tecnología, sino pensar distinto y comenzar a pensar qué significa un nuevo concepto dominante, al que he querido llamar, "Retail desde las personas".

CAPÍTULO 11.- CANALES DE DISTRIBUCIÓN, ESPAÑA COMO EJEMPLO

ESPAÑA es el mejor ejemplo para explicar hoy en día la evolución de los canales de distribución como consecuencia de la evolución del retail, ya que en menos de 30 años ha cumplido todas las etapas que en otros países llevó hacer 100 años, al pasar de una dictadura a una economía de mercado.

España es una de las pocas economías mundiales, sólo 5 en Europa (UK, Alemania, Francia, Italia y España) que tienen las dos variables determinantes para una sociedad rica: volumen de población y una industria rica (el turismo en España, la industria pesada en el resto).

Sólo que, durante 40 años, le faltó un elemento de la ecuación: funcionar dentro de una economía libre de mercado, el único factor que, de momento, ha creado el ser humano, multiplicador de la riqueza. Aunque sospecho que andamos camino de crear uno nuevo en esta nueva Revolución de la Humanidad, en la que nos hallamos ya.

La democracia llegó a España en 1977 y entonces se incorporó poco a poco a la sociedad de consumo dentro de un régimen capitalista y empezó a crecer, porque éramos un país en el que la gente es muy trabajadora y tenemos los ingredientes fundamentales de la receta, donde los gobiernos tienen poca capacidad de maniobra.

Éramos una sociedad en un estado evolutivo primario, es decir, que todos los gastos económicos y recursos iban a la compra de productos primarios (alimentos y medicamentos, aseo, etc...). Pero, como somos seres sociales, esos mismos productos y consumos servían a la vez para atender por igual al consumo primario y al consumo social.

Cada municipio tenía una sola calle comercial, que es en la que se vendían los productos primarios. Yo he bautizado a esa categoría de calles como C (o primera línea interbarrio). Son calles que surten de productos primarios a las personas que viven o trabajan en su entorno de influencia más próximo.

Mantequerías Leonesas, toda una institución en España en los supermercados y la alimentación de aquella época. Me contaban cómo hicieron un anuncio con Ava Gardner y cómo empezaron a ir a hacer la compra las señoras, no sólo las trabajadoras del hogar de aquella época, porque se convirtió en toda una experiencia, era aspiracional. Vemos aquí un claro ejemplo de que las experiencias ya existían hace 45 años, pero sobre todo vemos cómo el producto que servía para responder al consumo primario lo era a la vez para responder al consumo social en aquella sociedad aún primaria y poco evolucionada.

Posteriormente creció la economía y comenzó a haber pequeños excedentes económicos, después de comprar la alimentación y los medicamentos. Se acababa de producir una evolución en nuestra sociedad, que pronto se trasladaría al canal de distribución y al consumo. No existe evolución sin enriquecimiento.

Surgieron empresas nuevas que fabricaban nuevos productos de moda muy básica (zapatos, ropa, abrigos, etc...), y surgió una evolución en un nuevo tipo de empresa, más eficiente, con más margen nominal que las que hacían consumos primarios. Así se produjo el primer ensanchamiento del canal de distribución.

Cuando apareció la moda básica, fueron en búsqueda de las mejores calles de cada localidad, C, porque eran empresas más eficientes económicamente, con más márgenes y más ricas y que, por tanto, podrían pagar mejor por esas calles donde estaba el consumo más destacado, hasta entonces primario. Como ganaban más dinero que las empresas primarias, les indemnizaron pagándoles dinero o simplemente pagando más cuando quedaron espacios vacíos, y esos comercios de consumo primario se desplazaron a calles cercanas creando nuevas calles comerciales que pasaron a ser de tipo C, sustituyendo a las antiguas calles C (produciéndose el primer ensanchamiento del canal de distribución) mientras que las antiguas C se convirtieron en calles A, que responden a consumo social y no al primario, como las calles C. Luego seguimos evolucionando y surgieron las calles B (2.º ensanchamiento del canal de distribución), que lindaban con las A, y por las que se filtraron poco a poco parte de las personas que acudían por consumo social a las calles A. Así, las calles B eran más valiosas que las C, que sólo respondían al consumo primario, mientras que las B le sumaban parte del consumo social.

En ambos supuestos, al seguir creciendo la economía, aparecieron las calles D, más baratas que las C, para acoger a una industria primaria que creció al aumentar el número de consumidores a los que atender en productos primarios con menor calidad en su servicio, pero más barato, para ser ocupados por los primarios menos eficientes económicamente.

Es muy importante resaltar que las calles C pasaron a ser A, es decir, que lo que determina la categoría es la función que cumplen en su sociedad. Pasaron de ser C a A, pasaron de hacer una función primaria a una social, la función es la que otorga a los locales o a la red de distribución su categoría comercial.

Y esto nos lleva al online. El online no es ni más ni menos que un nuevo ensanchamiento, de nuevo otra vez, del canal de distribución, es un canal de distribución, sólo que éste no es físico. Pero eso no le supone estar expuesto a una evolución distinta a la que sufrieron los anteriores canales, sólo necesitamos saber a qué función responde para conocer su valor real, porque no es lo mismo responder a una función de consumo primario o a una de consumo social; el primero poco eficiente económicamente y el segundo muy eficiente y rico.

Es importante resaltar que las calles C y D están a la izquierda del eje evolutivo, a la izquierda del sendero del bosque, porque la función a la que responden es de consumo primario, donde la clave está en el precio porque crea poco valor intangible y tiene poca capacidad de despertar nuestro deseo. A la derecha del sendero del eje evolutivo están los canales de distribución A y B, que responden a una función de consumo social.

Esta evolución del tejido comercial físico del casco urbano de Madrid que os he contado es casi idéntica en toda España. Pero en Europa, en cada país hay matices con esto, aunque también muchas similitudes. A la vez hay importantes diferencias entre los países desarrollados y a la vez también con los del este de Europa. A su vez, con U.S.A. y Asia, las diferencias aumentan aún más.

Entonces, ¿por qué tenemos tejidos comerciales y centros comerciales tan parecidos? Bueno, pues eso es a causa de la globalización, que ha aplanado las peculiaridades locales, acallándolas.

Pero entremedias de todo este discurso de los canales de distribución, hay un elemento clave en el retail físico: el dimensionamiento máximo. No se puede construir mayor cantidad de metros cuadrados comerciales de los que necesita la sociedad y aquí la acción política, presa también de la burbuja global y de aquel discurso de crecer más y más rápido que el vecino, nos ha llevado a sobredimensionar la oferta comercial en muchas ciudades.

Municipios como Madrid, Murcia, Las Palmas, La Coruña, han sobredimensionado el volumen de oferta comercial, mientras otros como Mallorca, Lugo, Vitoria, Bilbao, lo han hecho realmente bien, al no haber entrado en esa vorágine de la oferta comercial y la construcción continua.

Los centros comerciales y las calles comerciales de los municipios sirven para una misma función, así, al igual que hay calles A, B, C y D, también existen esas mismas categorías para los centros comerciales. Las calles y los centros comerciales de igual categoría compiten entre sí por el mismo perfil de consumidor, y los que no tienen la misma categoría, no pueden competir entre ellos.

Así pues, antes de la aparición del Online, España y todos los países desarrollados tenían construido un volumen de oferta superior, que sólo se sostenía en lo alto de la burbuja de la era global, del híper consumo, y que al hallarse desinflando el volumen de compras y el deseo por las empresas globales y de moda, han liberado muchos metros cuadrados comerciales.

Pero aquí se mezclan dos problemas distintos. La pérdida de capacidad de despertar el deseo de las marcas en sí, lo global (precio) y la moda, les ha hecho que perdieran capacidad de ventas y, por tanto, de sostener locales en calles A y B, y han pasado de la esfera del consumo social a la derecha del eje evolutivo a la izquierda a atender consumo primario. Mientras, aún no se han creado las nuevas figuras dominantes del retail físico, al haber puesto toda la industria la mirada, la atención y los recursos económicos en el online y la tecnología, creyendo que éstos eran de por sí la siguiente evolución.

Ya antes del online sobraban locales comerciales (en especial los de grandes dimensiones demandados por las empresas globales), centros comerciales, marcas y productos físicos.

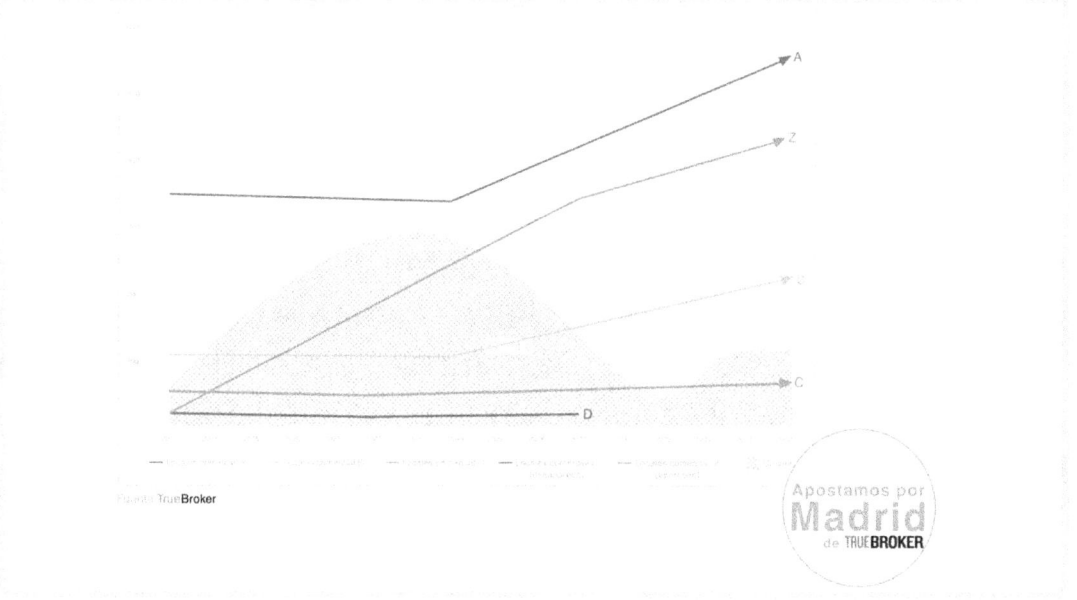

Las tipologías de distribución C y D sirven casi exclusivamente para atender al consumo primario, es decir, responder a necesidades muy fisiológicas y primarias, a la izquierda del eje evolutivo, y por eso son ejes tan económicos en precios, porque las industrias que responden a esa tipología de consumo, como ya explicamos, no tienen grandes márgenes ni son ricas o dominantes, porque no son ya capaces de despertar nuestro deseo como antes, al haber evolucionado nuestra forma de pensar y tomar decisiones al cambiar las líneas de pensamiento dominantes.

No son capaces de conseguir que la gente esté dispuesta pagar un poco más por sus productos. Sin embargo, sí lo estamos por los productos y empresas de los canales de distribución A y B, que responden casi exclusivamente al consumo social y, por tanto, están a la derecha del eje evolutivo, aquellos por los que estamos dispuestos a pagar ese poco de más, porque despiertan nuestro deseo y, en consecuencia, son los ejes de mayor precio y más cotizados en el retail.

Pero es importante que la categoría que hemos empleado para categorizar los ejes de distribución, y por tanto para categorizar las calles, parques y centros comerciales, A, B, C, D, ZETa, también exista representada para categorizar barrios, ciudades y países. Es decir, que hay países que van a desaparecer de la escena, y otros nuevos (ZETa) que aumentarán mucho su presencia en la mente de las personas y su valor.

Como vemos en la gráfica, las categorías D desaparecerán o perderán su valor, mientras que las C crecerán por debajo del P.I.B., perdiendo por tanto valor real y quedando casi planas, debido a la aparición, dentro del consumo primario, de un nuevo canal de distribución, el online, con el que se van a fusionar, quedando como único canal que cumple la misma función. Mientras los canales de distribución A y B seguirán creciendo de valor, como efecto de la polarización de la riqueza.

Sólo que en esta ocasión ha pasado algo que no había sucedido antes, como consecuencia del fin de las líneas de pensamiento dominantes de la revolución industrial y la era global: que el ensanchamiento del canal no se ha hecho desde la parte superior, por evolución del consumo social, como pasara con A y B, sino que se ha hecho por la parte de debajo, por primera vez en la historia del retail, desde el ensanchamiento del consumo primario.

Eso lleva aparejado que la polarización de la riqueza que se produce siempre cuando se evoluciona, haciendo que lo menos bueno pierda mucho valor y parte desaparezca y lo muy valioso aumente mucho su valor, que en este caso la polarización de la riqueza no se va a concentrar en los canales A y B, sino en un nuevo canal al que hemos bautizado ZETa, muy, muy cercano a las personas físicamente ya que el online le es muy lejano físicamente, y así se equilibran. Las calles, centros comerciales, pero también barrios, ciudades y países ZETa son, por lo general, de categoría C o D, sufren una transformación pasando de canales primarios, para pasar a desempeñar una función estratégica en el consumo social, y éste es el énfasis que España debería resaltar como destino turístico y de oferta comercial, lo social, porque es lo que más va a crecer en valor, hasta el punto de ser la causa del inmenso crecimiento de las categorías ZETa. Esto tiene mucho que ver con que las propiedades de las tipologías A y B están ocupadas por marcas globales y de moda que seguirán teniendo un valor y creciendo, pero mucho menos de la revalorización que va a sufrir esa tipología de propiedades ZETa, que serán récord en revalorización.

Las ZETa son las grandes protagonistas, tanto si son locales comerciales como centros o ciudades, o incluso países, de esta nueva revolución. Tienen mucho de lo peculiar, lo distinto de cada lugar con el que tienen una fuerte identificación cultural, donde reside lo distinto de cada lugar. Tienen una fuerte identificación con las personas del lugar y son más cercanas a ellas.

Tiene mucho que ver el auge de estas calles, centros y países, con la atomización de la riqueza. De la contracción de lo global, siendo un hándicap el tamaño grande. Los locales, centros, ciudades muy grandes, pasarán de tener una ventaja comparativa o una limitación, en esta nueva era donde es tan importante la relación directa en la vida ordinaria de las personas de cada lugar. La gran importancia que toma la capacidad de crear un valor importante que llegue muy directo a las personas del entorno más cercano, la importancia y necesidad para ello de ser mucho mas pequeño para poder adaptarse a las peculiaridades de cada lugar y crear ese valor para las personas.

Todo esto tiene que ver con esa búsqueda de la protección de la pequeña comunidad, de lo más próximo a nosotros.

Así, lo que es más pequeño aumenta su valor por su capacidad de atomizarse y crear valor, mientras que el valor de lo global y el tamaño disminuyen.

Tiene que ver con una evolución al pasar de buscar la felicidad en el tener (productos físicos) a buscarla en el ser (lo intangible), para lo que se necesita tamaños más pequeños de todo.

Va de pasar de los modelos escalables y versados en precio, a modelos en nuestra sociedad, y por tanto en el retail, adaptables a lo peculiar de cada lugar, y en ser capaces de crear un valor importante usando lo que se tiene más a mano como herramienta fundamental, para identificarse con un grupo lo más pequeño posible pero lo suficientemente grande como para poder existir.

Claramente, hablamos de atomización de la riqueza y las oportunidades.

Bienvenidos a uno de los momentos más brillantes de la historia de la humanidad y de mayor bienestar del ser humano. No es que estemos amenazados y todo vaya muy rápido, sino que nos hallamos camino de uno de los momentos de mayor felicidad para la raza.

CAPÍTULO 12.- ONLINE, NADA MÁS QUE OTRO CANAL DE DISTRIBUCIÓN

Como decíamos, el online no es la causa de lo que le sucede al retail, es un síntoma de lo que le sucede.

El online es sólo un canal más de distribución como otros, muy fuerte y muy capaz, a la izquierda del eje evolutivo en el mundo del consumo primario, que va de conveniencia y precio y ahí el online es muy conveniente, pero está incapacitado para luchar en el mundo del consumo social, que es realmente el interesante, el más rico, y el que más innovación tiene.

Por eso, aquellos que están viendo crecer mucho sus ventas online deberían empezar a preocuparse mucho, pues es el mayor síntoma de que su sector, producto o empresa, ha pasado de estar a la derecha del eje evolutivo donde están las empresas con márgenes, innovación y riqueza capaces de despertar el deseo, para pasar a estar a la izquierda del eje evolutivo, sólo capaces de satisfacer necesidades.

Las marcas, lo global y la moda, que antes estaban a la derecha del eje evolutivo, al no haber sabido introducir la innovación necesaria para permanecer a la derecha del eje evolutivo, al evolucionar la sociedad les ha sobrepasado y de repente han pasado a estar a la izquierda del eje evolutivo, porque se han metido ellas en el territorio del online, no elonline en el suyo.

Es un error óptico, el online no ha invadido la esfera de la derecha del eje evolutivo donde estaban las marcas y por eso nos bajan las ventas, sino que las marcas globales y la moda han pasado de la derecha del eje evolutivo a la izquierda, chocando con el online, con el que deben repartirse el espacio, debido a que fundamentalmente durante 20 años la industria ha trabajado el diseño y el precio, y no han invertido lo suficiente en sumar la siguiente evolución (identificarse con las personas sumando valores) que les permitiría volver a evolucionar y pasar a la derecha del eje evolutivo.

Así sucede que las empresas globales, marcas, moda que quieran luchar por la izquierda del eje evolutivo en precio, no sólo van a competir con el online, sino que se van a producir grandes fusiones entre ambas porque se necesitan, siendo un todo.

Veremos grandes fusiones entre grandes gigantes de lo que es, hasta hoy, lo físico con empresas que se hagan dominantes en el online, porque ninguno de los dos podrá subsistir si no se integran. Es decir, que comparten el mismo tipo de consumo y canal de distribución, porque ambas responden a la misma función: primaria.

Como son empresas de consumo primario, esa estrategia las llevará a integrar la cadena de distribución con los locales comerciales de grandes tamaños y muy, muy económicos, en las zonas de categoría C (barrio), y estarán peleando el resto de sus vidas por abaratar costes para sobrevivir o ser absorbidas por el que sea más barato y desaparecer engullidas por ellos. Como explicamos en el capitulo anterior, las categorías C crecerán por debajo del P.I.B., es decir, que perderán poco a poco valor en la sociedad, y a partir de ese momento la historia de crecimiento del online y las empresas que hayan optado por el lado izquierdo, el de competir por el precio, quedarán en una larga agonía el resto de sus vidas, con la capacidad de ventas castrada y limitada por del debajo del P.I.B., al no poder acceder a los canales B y A, que es en los que más dinero, gasto, consumo, riqueza y márgenes hay.

Es exactamente lo mismo que le sucedió a la industria que fabrica productos de limpieza del hogar de los pasillos de los supermercados, donde unas pocas, ¿unas 20? empresas, controlan la gran cuota mundial, con márgenes híper escurridos, donde nunca dejan de luchar por abaratarse.

Así, este nuevo tipo de empresa que nace de la simbiosis del online y las grandes marcas globales, se verá obligada, sí o sí, a los inmuebles de tipología C, que son de mayor tamaño y más económicos, siendo totalmente incapaces de estar en canales de distribución de lo social, las A y B, porque no pueden hacer rentable su precio, y absolutamente alejadas de la nueva tipología ZETa, ya que al estar en ciudades e inmuebles más pequeños, hacen imposible la implantación del nuevo modelo del consumo primario (online+físico) por el tamaño. Además de ello, no podrían pagar el precio de A, B o ZETa, ya que son industrias cada vez más versadas en el precio y en estructura de bajo coste, y el precio de las propiedades de estas categorías son hasta 10 veces más elevadas, las A, B y ZETa, que las C o D, alejándose del crecimiento económico que se transmite a través de A, B y ZETa.

Dentro del canal C, en lugar de una línea continua y completa, como las tiendas físicas y centros comerciales de tipología C, el online es un espectro más amplio, pero de puntos que no abarcan todo, y por eso las dos se necesitan para poder ser competitivas en precio, ya que las tiendas físicas C tienen una mayor penetración y conexión mental en las zonas residenciales a un precio muy bajo. El online, con su espectro, es menos profundo, pero más amplio, abarca y llega a más lugares y personas del territorio geográfico del entorno de las calles C, que abarcan generando ahorro de costes horizontales, mientras las tiendas son verticales.

Esto nos lleva a que la forma de pensar de estas empresas, por ejemplo, Amazon, por mucho dinero que tengan, les pasa lo que al modelo de Mercadona, que triunfa en lo primario pero fracasa en lo social, porque la estructura mental de la empresa, las funciones, los valores que la mueven y lo que sobre determina sus decisiones, hacen que sea incapaz de funcionar en el consumo social. Simplemente la mente de estas compañías las hace inválidas para lo social, al igual que la mente, modelo, tamaño y funciones de lo social son inválidos para lo primario.

Son dos ligas distintas que nada tienen que ver. Online juega en la NBA; el producto físico juega la Champions League. No somos competidores, estamos en ligas distintas, pero muchos de los que quieren estar a la derecha del eje evolutivo quieren competir con el online e introducen online y tecnología e invierten mucho sin entender que ésa no es la transformación que tienen que introducir para estar a la derecha del eje evolutivo. Así, las empresas que quieran estar a la derecha, y sobre inviertan en online y tecnología, lo que hacen es impedirse estar en el consumo social ya que son mentes de empresas y funciones distintas y, si sobre invierten, pueden llegar a quebrar sus compañías y abocarlas al fracaso, si resulta que su tamaño y posición de mercado no es lo suficientemente grande como para ser un dominante en el consumo primario en la sociedad donde residen.

Igual que pasa con la vivienda pasa con las redes sociales. ¿Sabíais que explicaban que en España ante el calor se construían las casas pegadas unas a otras para darse sombra y ser más eficientes protegiéndose del sol, haciendo que la gente fuera muy cercana, muy social, muy extrovertida? Lógico, si todos los días te cruzas con tu vecino y abres la ventana del patio y le ves justo enfrente, no te cuento si además conoces sus secretos más íntimos, el color de su ropa interior. Como para no llevarte bien con el vecino, ¿verdad? Por la cuenta que nos trae, porque esa cercanía le da un poder en nuestra vida, forma parte de ella.

En cambio, en los países del norte y este de Europa, pongamos Alemania como ejemplo, tienen un urbanismo de avenidas muy anchas porque tienen pocos días y pocas horas de sol, para que el sol pueda entrar muy bajo, muy perpendicular al suelo en las viviendas y hacerlas más eficientes frente al frío. Así que abres la ventana, si es que tienes bemoles para hacer eso a bajo cero, y ves cientos de metros, y a veces un kilometro, hasta ver la fachada del edifico de en frente, mientras que en España veías su ropa tendida y le dabas los buenos días. En Alemania, al abrir la ventana de tu casa, no se distingue si aquella sombra es una persona o un cuadro.

Por esto es normal que España tenga unos índices mucho más bajos de compra online, y seguirá siendo así siempre, porque el retail es la excusa que usa el ser humano para relacionarse socialmente. Es la burbuja de la curva de la vida de la línea de pensamiento del online la que hace creer que éste es más poderoso y será más de lo que es en realidad, haciéndonos creer que vamos retrasados, pero alcanzaremos su mismo nivel.

En Francia, Alemania, U.K., el sol y el buen tiempo no suelen existir más que unos pocos meses y sólo hasta las 5 de la tarde, que se hace de noche, el frío entra y la lluvia te acompaña durante casi todo el año. Incluso hay países y ciudades, como recuerdo en mi viaje de estudio de la oferta comercial de Europa del verano pasado, como Hamburgo, Berlín, en los que hacía algo de frío en agosto en algunos momentos, igual que en Salzburgo.

Así, Alemania y el norte de Europa tienen una fuerte costumbre, por necesidad, por el clima, desde antes de aparecer Amazon y el Online, de hacer la compra por catálogo, lo que ha facilitado el online.

Pero en España y los países mediterráneos, no, y por eso el consumo online y las redes sociales en estos lugares son menos necesarios. Por eso su uso es mucho menor, porque cumplen una función menos valiosa para estas sociedades.

Voy a compartir información obtenida en internet de la evolución de las ventas online en España. Aquí cabe señalar que, aunque comienza hipotéticamente en el año 1981, en realidad todo comenzó de verdad en el año 2007, al lanzarse el iPhone, gracias a él, el acceso a internet y el uso online se hicieron una realidad para el gran público.

Pero no debemos olvidar que eso pudo producirse debido a que ya sufrimos una gran crisis tecnológica antes, la de las puntocom, que llevó a los inversores a perder hasta el 100% de sus inversiones en muchos casos, y las grandes compañías que habían conectado por fibra óptica todo el planeta se vendieron por 1 dólar. Gracias a ese crack de la crisis tecnológica de la burbuja de las puntocom, pudimos tener esa infraestructura gratis a un muy bajo coste a nuestro servicio y, gracias a él pudimos, al llegar el iPhone seguido por otros smartphones, acceder todos a internet y de ahí a la venta online con nuestros móviles. Así algunos datos mundiales y de España de la venta Online son los que siguen:

- 1981 - Primera venta online
- 1991 - Primera venta de una pizza online
- 2000 - Primera compra colectiva
- 2000 - Nace Idealista
- 2001 - El corte ingles lanza su online
- 2007 - Aparición del iPhone
- 2007 - Zara lanza su online

2011 - Amazon llega a España

2012 - Record histórico venta mundial supera los 1.000 millones de €

2013 - El 55% de los españoles hizo alguna compra online

2014 - Nace PayPall

2015 - España. El 11% de ventas con tarjeta es online

2017 - El 68% de la población mundial tiene móvil y el 53% acceso a internet

2018 - España. El 20% compras con tarjetas es online

2018 - España multiplica por 7,5 veces las ventas online del 2008

Es decir, en España se produjo del 2008 al 2018 un salto exponencial, en cuota penetración y ventas, multiplicándose por 7,5 veces. Lo que indica que se halla en la parte de la curva de vida de su línea de pensamiento en una clara burbuja, en su cresta, con mayor pendiente de crecimiento, y en breve comenzará a rebajar pendiente de crecimiento, en la que seguirá creciendo, pero a un ritmo cada vez menor.

Por esto preveo que, en 8 a 10 años, suceda que el online toque el techo de su crecimiento y entonces se producirá la contracción de sus ventas, que estarán por encima de su valor real, cayendo con rebote hasta estabilizarse, como vimos en la gráfica de los canales de distribución, junto al valor del canal de distribución de categoría C. En esa caída se producirá una fortísima contracción de las cotizaciones de las acciones de todas las empresas online y tecnológicas, y una burbuja del precio de la inversión inmobiliaria en logística, que ahora está en una burbuja, ya que sirve al mundo del online. Y el online, insisto, está en una gran burbuja de proporciones inimaginables, que puede provocar otra crisis como la del 2008 o las de las puntocom en todo el planeta.

Sé que parece impensable, pero si miráis las contabilidades de las empresas tecnológicas y de online, descubriréis dos cosas. Una, que tienen una liquidez brutal, tienen dinero a espuertas, y no saben qué hacer con él, consecuencia de estar en una burbuja, lo que está ya produciendo que, cada día más, sean menos capaces porque es el hambre el que despierta el deseo de seguir innovando y, con el estómago lleno, hay pocas ganas de comer, hay ganas de echarse la siesta. Por otro lado, descubriréis que el gran negocio de Amazon no es el online, sino la nube y los datos. Amazon ha sido deficitaria en la venta online durante casi toda su historia; de hecho, en mi opinión ha hecho dumping con los precios, lo que está prohibido. Pero se le ha permitido porque es una empresa norteamericana. El gobierno norteamericano nunca hubiera permitido que una empresa española o europea hubiera hecho lo que hizo Amazon. Así que, en breve, cada vez más, comenzará a subirnos el precio del online, porque no tiene casi margen.

Está en una burbuja, que va a ser atacada de golpe por todos los lados, sin descanso. Porque es tan brutal la burbuja, que va a ser brutal su contracción. Está totalmente sobredimensionada y sobrevalorada en todos sus vértices: político, económico, social...

A todo esto, se suma la aparición de impuestos, regulaciones y, sobre todo y lo más importante, límites a su poder, que hará disminuir de forma muy rápida y drástica sus márgenes. Junto a ello aparecerá una nueva competencia, ya que será cada vez más barato producir tecnología. También, cada vez más, en Europa, no sólo en Asia.

Creo que las líneas de pensamiento en contra del online ya están claramente implantadas en nuestra sociedad y están tan sólo a la espera de que suceda algo que les permita manifestarse de forma abierta, para convertirse en dominantes y provocar la contracción del online y la tecnología, que creo va a ser atacada de golpe por todos los frentes, porque está sobre dimensionada en todos los lugares. Es algo natural en el ser humano y consecuencia de ser un ser social.

Creo que ese punto de inflexión en que se iniciará la contracción de la burbuja del online será la llegada de los demócratas al gobierno U.S.A., que creen fueron perjudicados en las anteriores elecciones por el mal uso de las redes digitales y van a imponer fortísimos controles, legislación e impuestos. Acto seguido, la CEE, con Francia y Macron a la cabeza, que creen que el voto durante el Brexit fue también manipulado por las redes sociales, pero seguidos del resto de países, también van a empezar a meterle mano a algo que desean y aún no han podido, al pago de impuestos, y que llevan preparando mucho tiempo a la espera de que U.S.A. dé su permiso para actuar, y esto vendrá cuando lleguen los demócratas al poder.

Y ahí comenzará todo, comenzarán a sucederse una tras otra hasta que la tecnología y el online caigan con rebote para finalmente permanecer en su valor real, que no es el que se les confiere en la actualidad.

CAPÍTULO 13.- LA BURBUJA DEL ONLINE

Ahora nos toca preguntarnos: ¿cuál es la curva de vida de la línea de pensamiento del online?

Del 2008, tras aparecer el iPhone, hasta el 2018, en España las ventas online se han multiplicado por 7,5. Así es como, junto con otros datos reales y espectaculares del crecimiento del eCommerce, se ha creado una línea de pensamiento dominante del online. Nadie en nuestra sociedad se atreve a discutir que el online es el protagonista y razón de lo que le sucede al retail. Y así vivimos de lleno en toda la cresta de la ola de la burbuja de la línea de pensamiento del online, porque nadie se ha parado a cuestionarlo, por eso está en una burbuja. Y con "cresta de la ola" creo que uso una buena analogía para hacerme entender, porque si vas a una gráfica e introduces los datos de crecimiento de la venta online, sólo en España, lo ves, pero si dibujas esa gráfica para otros países más evolucionados y más necesitados socialmente del online (Francia, U.S.A., etc...) o países donde su clima lo hace más determinante (Alemania, U.K., etc...) su gráfica sería aún más clara.

El resultado de la forma de la gráfica al introducir una multiplicación de las ventas por 7,5 en sólo 10 años, nos da la forma de la curva de la vida, justo de la parte en crecimiento ya exponencial, es decir, que está muy cerca de cambiar la pendiente de su crecimiento, para comenzar a crecer con un ritmo menor.

A continuación, hemos reproducido una gráfica que no es nuestra, es del departamento de investigación del BBVA, uno de los investigadores económicos y sociales más relevantes y serios de España y del mundo. Así veis la gráfica que resulta del crecimiento multiplicando por 7,5 veces las ventas online en España del 2008 al 2018.

Si veis la grafica, os daréis cuenta de que, claramente, están describiendo que el online en España está justamente ahora en el momento de mayor pendiente de crecimiento en su curva de vida de su línea de pensamiento, muy cerquita ya, en escasos 1 a 3 años, de cambiar su ritmo de crecimiento para seguir creciendo a menor ritmo, con una proyección para tocar techo su crecimiento en ventas en 8 a 10 años.

FACTURACIÓN DEL COMERCIO ELECTRÓNICO

En millones de euros

2008	13	2018	
40.000			40%
30.000			30%
20.000			20%
10.000			10%

FUENTE: BBVA Research

Así, el online, que ha venido para quedarse como la tecnología, y para ser muy importantes en nuestra sociedad, siendo un gran dominador y ganador en el consumo primario, sin embargo, según pasen los años se descubrirá que es estéril en el consumo social y más aún tras la transformación social que estamos viviendo, donde el online se hace aun menos capaz. Vamos a ver mercados en los que el online o es incapaz de penetrar, o lo hizo por inercia de su burbuja de pensamiento, para comenzar a menguar, y comenzará a su vez en el territorio de lo primario a minorar su velocidad de crecimiento, porque ya estará consumiendo la cuota de esos mercados primarios. En cambio, en otros mercados, ésos a la izquierda del eje evolutivo, quedará como un dominante fusionado con la red de tiendas físicas de categoría C.

Entonces, estamos en una burbuja del online, en su cresta más alta de la pendiente, y estimo que estamos a unos 8 a 10 años de que suceda algo que ponga en relieve que le hemos asignado un valor mayor al que realmente tenía, para comenzar a aplanarse y acto seguido pasar a una fuerte contracción, empujado en su descenso por la misma masa que lo empuja ascendentemente sin cuestionarlo, sólo porque es lo que dicen todos y, como dice el refrán español: ¿Dónde va Vicente? Adonde va la gente. Por el mero hecho de ser seres sociales, creamos siempre burbujas de las líneas de pensamiento dominantes.

Así, llegamos a las redes sociales (RRSS), mal llamadas sociales, cuando son redes digitales (RRDD). Ya por el nombre, empezamos a crear la burbuja.

Hoy ya es vox populi, ya hay una línea de pensamiento que nos habla de la manipulación que ejercen las empresas de redes digitales y del poder brutal en manos de estas empresas. Tal es así, que se les acusa de haber manipulado ideológicamente a las personas para que saliera el sí en U.K. al Brexit, lo que ha enfurecido a los gobernantes CEE, que lo consideran un ataque claro a su poder y están esperando su momento. Pero es que en U.S.A., los demócratas piensan lo mismo sobre las últimas elecciones que ganó Trump por tan escaso margen, y consideran que hubo inferencias del gobierno ruso manipulando ideológicamente a los votantes a través de las redes digitales. Tanto U.S.A. como C.E.E. han abierto una fuerte investigación, han llamado a comparecer y declarar ante ellos a toda la industria: Mark Zurckerger, Jeff Bezos, etc… Se les han empezado a legislar algunas restricciones y a ponérseles limites, porque hasta ahora han crecido sin ningún límite legal y con todo a su favor.

Pero es que Trump y los republicanos consideran a las empresas tecnológicas un peligro para su poder, y han apresado a dirigentes de Huawei y les han impedido y limitado el acceso a su mercado bajo el mensaje de que ponen en peligro la seguridad nacional. Es decir, que los políticos están construyendo una línea de pensamiento que dice que están en peligro el Estado y la sociedad civil en manos de esta industria.

Pero tampoco escapa al análisis de los gobiernos, aparte del ataque y amenaza que dicen es para el poder del Estado y la democracia, el gran peligro que tienen para sus economías, al poder tributar en otro país. Y yo diría más, pueden hasta comprarse un país y fugarse con el dinero de los contribuyentes de las grandes economías.

No es que usen o vendan nuestros datos, sino que venden a las empresas que pueden hacer que hagamos cosas que ellos quieren, gracias al Big data y a algoritmos, para manipularnos y hacernos comprar o pensar lo que ellos quieran, y eso es lo que venden.

Manipulación ideológica para vendernos a las empresas a dólares el impacto. Pueden vigilar lo que haces, manipular desde lo que compras hasta lo que piensas o que haces, un poder que pone en riesgo al poder, los gobiernos, la economía. Y los gobiernos y la clase política se han dado cuenta.

Así, han polarizado aún más la forma de pensar, aumentando la confrontación que heredamos como modelo de la revolución industrial.

Las redes digitales no van de usarlas para que la gente haga lo que quieras y manipularla, sino de usar la tecnología como una herramienta al servicio de las personas. Estamos usando mal la tecnología, aún, pero vamos camino de otro uso en la era de la creatividad. Ahora no la usamos como una herramienta, sino que es algo que tiene sus propios objetivos y te usa, manipulándote usando la psicología en tu contra y a su favor, para monetizarlo en ventas manipulando tus decisiones.

Recordad que somos un ser social y cuando nos aislamos del contacto físico con otras personas, ¿qué nos sucede? Sencillo: enfermamos, nos volvemos locos. Porque no existimos como individuos, la parte más importante de nosotros está entre los otros, en la relación social y en la sexual. Sin relaciones sociales o sexuales, somos un ser que enferma mentalmente. Nuestra compleja estructura mental precisa de lo social y lo sexual.

Ya se sabe que hay un aumento muy elevado de los suicidios, depresiones y hay una adicción al móvil, entre la generación Zeta, que es la que nació en 1996, y que es la primera preadolescente que crece con las redes digitales. Me pregunto si no estaremos creando una generación de personas incapaces de tomar decisiones y decidir por sí mismas, dejando la capacidad de generación de riqueza en la población de más de 50 años. Esto puede hacer bascular al aumento del poder de aquellos países con una población más elevada de personas de más de 50 años, y una tendencia sutil a perder capacidad productiva y de generación a aquellos países donde abundan los millennials, tan de moda.

Creo que la gran amenaza sorda, más allá de socavar y poner en peligro al poder político y económico, es la de crear una sociedad de personas incapaces de tomar decisiones por sí mismas e innovar y, con ello de deshacer aún más por dentro esa contracción económica y basculación del poder geopolítico de U.S.A. (la gran beneficiada durante la era global) a otros actores, China, pero también otros países no tan afectados por la tecnología y las redes sociales.

Sé que hay varias líneas de pensamiento que aún no atisbo a ver pero que existen antes de verse, y me pregunto si no será ésta una de ellas, y una de sus consecuencias en el cambio de poder económico, político y geopolítico en el planeta. ¿Será China, o serán otros aún por aparecer?

Precisamente, en mi investigación mundial tenía un viaje que era el más ansiado, ya que siempre deseé ir a Japón y me atrae mucho su cultura e historia, pero sobre todo por la gran peculiaridad que tiene en mi análisis de la mente humana y del retail, ante la sobre exposición a la tecnología y el aislamiento social. El hecho de vivir en una isla tiene consecuencias muy claras sobre la mente humana. Entre ellas, la mayor incidencia de depresiones y suicidios en las islas, por esa sensación de estar atrapado, de no poder moverse libremente y cruzar en coche al siguiente país, eso genera una mente muy peculiar para aquellos que viven en islas.

Japón es, además, una gran cantidad de islas y a la vez es la sociedad tecnológicamente más avanzada del mundo. Esperaba ver en mi investigación de Japón el efecto que iba a tener en nuestras sociedades la sobre exposición al aislamiento social provocado por las redes digitales, la tecnología y el online.

Bueno, pues la afección es muy grave. Está afectando hasta al cerebro reptiliano que te empuja a la reproducción y la subsistencia, que es para lo que estamos programados. Los hombres han dejado de desear a las mujeres y de tener relaciones de pareja reales, y prefieren jugar a video juegos, mostrando la brutal deformación que sobre la mente humana y su salud tiene el aislamiento social con su alta tasa de suicidios. Esto es a lo que nos exponemos con el abuso del online y la tecnología, al fin de la raza, pero no porque los robots nos hagan algo, sino porque perdamos el deseo por todo, hasta por el sexo. Lo inaudito para un sapiens.

El suicidio es la enfermedad de las sociedades ricas, que han descubierto que el estado del bienestar de la revolución industrial, y todas las cosas materiales que ésta le prometía como respuesta a la felicidad, no se las da. Pero es que, además, el aislamiento social provoca más suicidios, y el abuso del uso de las redes sociales, la tecnología y el online, también los aumenta, siendo causantes de enfermar mentalmente. Decididamente, nos encontramos ante una burbuja, no muy lejos de empezar a sufrir ataques desde todos los frentes, que llevará al online y la tecnología a menguar en un punto distinto tras tocar techo en unos 8 ó 10 años.

Así sucederá que, como siempre sucede con las burbujas, caerá por debajo su valor real, empujado por la misma masa que lo alzó sin cuestionarlo, de la que todos formamos parte, para finalmente posarse en su valor real, como habéis visto en la gráfica de los canales de distribución.

Y ¿cuándo sucederá? Pues yo creo que la tocada de techo de la burbuja del online está antes del 2028. Creo que, sin darnos cuenta, ya se han empezado a construir las líneas de pensamiento en la sociedad que están ya socavando la burbuja del online, vaciándole el terreno por debajo y preparando su caída.

En U.S.A. ya hay voces muy críticas de influyentes oradores, periodistas, políticos, empresarios como sucede con Elon Musk, fundador de Tesla y competidor de Jeff Bezos por el negocio de la carrera espacial. Pero también como el periodista, cómico e intelectual Bill Maher, que tiene un influyente programa de televisión, o el propio partido demócrata, que critican la voracidad de Amazon y dicen que hay que empezar a ponerle límite. Hasta han sido llamados a declarar y responder ante el gobierno norteamericano y la C.E.E. por sus practicas, que están siendo puestas en duda. Tanto Jeff Bezos, con Mark Zurckerberg ha tenido que declarar, y tanto U.S.A. como la C.E.E. han abierto un profundo y lento proceso de investigación de la praxis de estas compañías para establecer controles que hasta ahora no habían tenido. Han llegado a hablar de sacar una ley contra su forma de comportarse, al igual que hicieron con la ley antimonopolio, que fue creada para limitar el inmenso poder que había alcanzado Rockefeller y que ponía en peligro la economía norteamericana.

Amazon es sólo una pequeña parte del online, pero es el mayor representante del online en U.S.A., donde los demócratas piensan que la manipulación de las redes digitales durante las últimas elecciones les robó el poder para dárselo a Trump. Más allá de entrar en si esto es cierto o no, lo importante es que nada menos que el 50% de la sociedad norteamericana piensa así. La EU también, critica que no paguen impuestos en la EU y están listos para meterle mano a éste y otros problemas, pero no pueden hacerlo, mientras antes U.S.A. no lo haga. En definitiva, que el poder en U.S.A. y EU se han visto claramente amenazado por el online, las redes, etc...

¿Se han dado cuenta? Estas cinco empresas: Apple, Amazon, Microsoft, Google y Facebook, pueden comprar literalmente un país, llevarse allí su sede para no pagar impuestos y desfalcar las grandes economías vendiéndoles productos y llevándose el dinero fuera sin cotizar.

Cuando los demócratas obtengan el poder en U.S.A. e implanten sus medidas, veremos contraerse la línea de pensamiento dominante, online y la tecnología recuperarán su lugar, importante pero mucho menor que el actual. Irán buscando ser más eficientes en costes, ya que van a tener que pagar más impuestos, más costes para adaptarse a la nueva regulación, y se verán empujadas con más fuerza a fundirse con los dominantes del Canal C de distribución físico, en búsqueda de menores costes. De esta forma quedará finalmente el online en nuestra sociedad, con una función y posición muy relevantes y dominantes en el consumo primario, pero no en el consumo social.

Como el canal de distribución C crece por debajo del P.I.B., ahí quedará capada la capacidad de crecimiento del online y las empresas resultantes de su fusión C, y las empresas primarias, que crecerán nominalmente llegado ese momento por debajo del P.I.B., atrapando en él las sobre inversiones realizadas, que ya no se podrán recuperar, exactamente igual a lo que les pasó a las inversiones en fibra óptica durante la burbuja de las puntocom.

Así, todos aquellos que en el retail busquen la evolución en más tecnología, redes sociales y online, perderán definitivamente la partida por la derecha del eje evolutivo.

Por eso Jeff Bezos dice que algún día desaparecerá Amazon, porque entiende cómo funciona la evolución y que ésta, tarde o temprano, les hará ser una función de poco peso.

Cuando el online se contraiga, será la señal de que ya es tarde para mover el dinero de las inversiones y protegerlas de esta transformación a la que nos enfrentamos en todos los rincones de la sociedad, como consecuencia del fin de la era global.

CAPÍTULO 14.- CENTROS COMERCIALES COMO PARTE DEL CANAL DE DISTRIBUCIÓN

Los centros comerciales forman parte de esa red de distribución, y los hay de categoría A y B (consumo social), C y D (consumo primario) y aún están por aparecer los de categoría ZETa, ya que para ellos se necesita crear un nuevo modelo de gestión, una mente y una visión muy distintas sobre ellos y su función en la sociedad, lo que implica entender lo que está sucediendo en nuestra sociedad de una forma distinta, bajo la afirmación de que lo que le sucede a nuestra sociedad es que se han acabado la era global y la revolución industrial.

Los centros comerciales de categoría ZETa pueden crear un nuevo modelo de gestión que se convierta en una función de mucho valor para las personas, que son ahora las que mandan, ya que el producto final más valioso se halla dentro de su esfera y ya no dentro del de las marcas. Pueden representar una función clave que permita evolucionar a las marcas, construyéndose desde dentro de las personas, permitiéndoles pasar de nuevo a la derecha del eje de innovación, evolucionando y volviendo a ser deseadas.

Pasar de construir centros para marcas y que las personas del entorno de influencia geográfica puedan comprar sus productos dentro de una caja arquitectónica similar a la de otros lugares, con el mismo grupo de marcas al menor precio posible de la forma más cómoda posible, construido pensando en el mix de la oferta, a pasar a usar lo que tenemos en el entorno inmediato para conectarnos, sumando mucho valor para un número suficiente de personas que nos permita existir, y que ese grupo de personas contenidas en tu espacio tenga un gran valor para algunas marcas que quieran estar, no ya pensadas como mix de oferta, sino como meras materias primas para construir ese valor para las personas, a través de convertir a los centros comerciales en líneas de pensamiento.

Deberíamos usar lo que tiene de peculiar el entorno y la arquitectura, y convertir el centro comercial en el mensaje de valor, con un lenguaje adaptado a lo peculiar y distinto de cada lugar, dejando atrás los centros con arquitecturas similares, que se convertirán en un hándicap, por el hecho de ser parecidos al de otros lugares diseñados por una empresa, pensados desde la empresa global con la imagen de la empresa global.

Un buen ejemplo de esto es el Centro Comercial Plaza Río, donde le han dado la arquitectura que tienen todos los centros comerciales de la empresa global Plaza, su misma concepción de centro comercial, función, arquitectura, interiorismo y nombre, y le ha dado la espalda al río. La arquitectura está hecha dándole la espalda al río, cuando era precisamente eso que estaba en el entorno inmediato lo que le permitía crear algo de mucho valor para las personas del entorno inmediato. Es decir, que podía haber tenido un nuevo modelo de centro de tipo ZETa y no lo han aprovechado.

En este caso, era un valor diferencial que marcaba un valor, no sólo para el entorno inmediato, sino que podía haberlo sido para toda la ciudad de Madrid, y ser de los centros del futuro tipo ZETa superventas de Madrid, porque llegara a mucha gente de Madrid con mucha fuerza, e incluso captar una cuota importante a nivel nacional.

Estamos hablando de un nuevo modelo de Centro

Comercial de tipología ZETa, que creará el contenido del mensaje que permitirá a las marcas convertirse en líneas de pensamiento. Ésta es la gran evolución del modelo de centro comercial ZETa, donde las marcas ya no se usan como el producto final más valioso, sino como materias primas y, por tanto, aquellos centros que busquen convencer a las marcas de estar, no porque le ofrezcamos más facilidades y un menor coste, sino por convertirse en clave para su evolución e importantes para sus consumidores.

El modelo debe hacer que las marcas deseen estar, porque te conviertas en algo que les suma mucho valor, porque les da una posición estratégica que otros competidores no tienen y permite que las personas se identifiquen con ellas. Usar el centro como una herramienta que permite a las marcas evolucionar para salir de la izquierda del eje evolutivo y pasar a la derecha del eje, asociándose con valores en la mente de los consumidores, gracias a que el centro comercial será una línea de pensamiento que impregna las marcas que se hallan dentro de él.

Estos nuevos centros tipológicos dominantes en eficiencia económica, los ZETa, son más pequeños, con un modelo de gestión muy distinto, capaz de crear valor, no sólo capaces de ahorrar costes. Capaces de ser adaptables al entorno, en lugar de ser escalables.

El centro como vehículo final, como producto superior a las marcas, serán los ZETa, y a eso añadiremos los A y B como elementos a la derecha del eje evolutivo. Usar los metros cuadrados que sobran para regalarlos en forma de valor a las personas del entorno inmediato.

Los C quedarán destinados para asociarse con el Online, ya que son un mismo canal en realidad, y los D desaparecerán o modificarán su uso perdiendo mucho valor económico. Los

C crecerán por debajo del P.I.B. perdiendo valor relativo en el tiempo. Los ZETa serán los que más crecerán.

Así, los centros comerciales grandes, globales, pensados para aunar una suma de marcas, los de tipo C, van a pasar a convertirse en el lugar elegido por las nuevas empresas resultantes de la fusión de los grandes del online con los grandes de las tiendas físicas, junto con locales en calles comerciales C que decidan luchar por el territorio de bajo precio, a la izquierda del eje evolutivo. Esos famosos locales de la logística de la última milla. La categoría D desaparecerá, reconvertirá su uso o simplemente quedarán vacíos sin casi valor.

No necesitamos más centros comerciales, de hecho, sobran muchos metros cuadrados comerciales en calles, centros comerciales, marcas y productos físicos, que sufrirán una gran contracción.

El siguiente libro, La mente del retail, trata casi por completo en cómo convertir los centros comerciales en líneas de pensamiento, para el que quiera saber más acerca de este tema.

CAPÍTULO 15.- ELIGE TU SENDERO DEL BOSQUE

Hemos llegado, pues, al final del sendero de la era global, porque el producto final ya no es la marca, ahora son las personas. El producto ha pasado de las marcas a las personas, y debemos elegir cuál de los dos senderos escoger para proseguir nuestro camino. Es importante, porque en función del sendero necesitaremos personas, empresas, estructuras, modelos y sobre todo funciones distintas a desarrollar.

En el sendero de la izquierda encontraremos un retail pensado para las marcas, y a la derecha desde las personas. En lugar de PARA las marcas, será DESDE las personas, y eso representa cuestiones muy importantes en la forma de construir el modelo de empresa y el tipo de personas y herramientas que necesitaremos en ellas.

Así, a la izquierda tendremos estructuras basadas en modelos de gestión de costes, la cantidad y el precio. A la derecha, modelos capaces de crear ingresos, basados en la calidad y los valores. A la izquierda pesará mucho la tecnología, las redes digitales y el online, el producto físico y marcas que responden a necesidades, y a la derecha en cambio tendrá todo el peso la creatividad, es decir, las personas serán las que marquen la diferencia, las líneas de pensamiento, las relaciones sociales personales, el trato humano, los intangibles. Las redes digitales y la tecnología son sólo una herramienta más a la derecha, donde el online es el que te necesita y depende de tu empresa.

La comunicación de las empresas, a la izquierda, será de onda corta o media, usando la típica segmentación geo-demográfica y las empresas se construirán en torno al mix de la oferta, mientras que a la derecha aparecerá el nuevo marketing y la comunicación que he querido bautizar como onda larga o permanencia, que permitirá a las empresas sumar la siguiente evolución que necesitan para formar parte de las personas que, como dije, son el producto final más valioso, y para que se construyan como líneas de pensamiento. Se construirán desde las personas, pasando a ser parte de su universo personal o, incluso en algunos casos excepcionales, para los que lo hagan muy bien, las marcas conseguirán pasar a ser parte de la persona, y no podrá hacerse si no hay un compromiso de valor y con los valores que representa. Esto es lo que en silencio vienen haciendo desde hace más de 50 años las únicas marcas que han permanecido en el tiempo: Coca Cola, Nike, etc..., que lideran su industria por venir consiguiendo, desde hace mucho, ser parte del universo de las personas.

A la izquierda será muy importante el Big Data, a la derecha lo será aprender a escuchar a las personas de una forma distinta; a la izquierda importará la parte más física del producto y a la derecha la parte intangible, esos valores que necesitamos sumar al producto físico y las marcas para evolucionar. A la izquierda están hablando de cosas como el omni-channel o las experiencias, y a la derecha les importan las personas y el efecto que sobre sus vidas tiene lo que hacemos.

A la izquierda están los productos básicos, a la derecha la innovación.

Para las empresas de la izquierda será muy importante el online y las redes sociales mientras que para las de la derecha lo será el carácter social y convertirnos en personas de su confianza.

Y por ultimo y, ante todo, a la izquierda tenemos empresas muy pensadas en el tener, el producto físico, y las de la derecha en el ser, los intangibles.

Estamos, por tanto, ante dos universos válidos.

Al de la izquierda, que es el mundo en el que ya nos hallamos, le espera un futuro en el que la clave será adquirir el mayor tamaño posible lo más rápido posible, porque irán fusionándose para quedar cada sector reducido a menos empresas grandes que antes, pero de un tamaño aún mucho mayor, como el que no vimos nunca antes, ni siquiera en la era global. A la izquierda se está produciendo una lucha feroz e interminable por reducir más y más los costes, absorber a otros para no ser absorbidos, y así quedar como uno de los pocos que dominen la cuota mundial para poder existir a la izquierda del eje.

Para los que elijáis el sendero de la derecha, habrá un mundo mucho más rico en márgenes y muy alegre, para el que será fundamental aprender algunas de las cuestiones que describo, porque será imprescindible entender a las personas y saber cómo funcionan, para poder transformar todo lo que está a la izquierda del eje y sumarle lo que necesitaremos para poder estar a la derecha del eje de la evolución y poder seguir evolucionando felices.

El mundo a la izquierda del eje va a ser un mundo muy duro y a quien lo elija le deseo mucha suerte, porque va a ser una lucha voraz por crecer más rápido que el vecino, y que no dejará nunca de encoger costes, más y más costes. Habrá una lucha brutal por márgenes enanos y unas cuotas menores; a la derecha hay márgenes inmensos y empresas en crecimiento. A la izquierda hay fusión-absorción-desaparición; a la derecha crecimiento constante. A la izquierda todo va muy rápido; a la derecha se te pasa el tiempo volando de tanta diversión.

A la izquierda, nuevos centros comerciales mas grandes que sustituyen a otros; a la derecha un nuevo modelo que suma en los centros que ya existen. A la izquierda, el modelo necesita a los mejores gestores y a la derecha a los mejores creativos. A la izquierda, modelos de Mall enfocados en las marcas y el mix de la oferta; a la derecha Malls enfocados en las personas y las líneas de pensamiento

Yo elijo el sendero de la derecha. Si me lo permites, me gustaría compartir contigo cómo veo yo que en el retail será ese sendero de la derecha. Por favor, acompáñame.

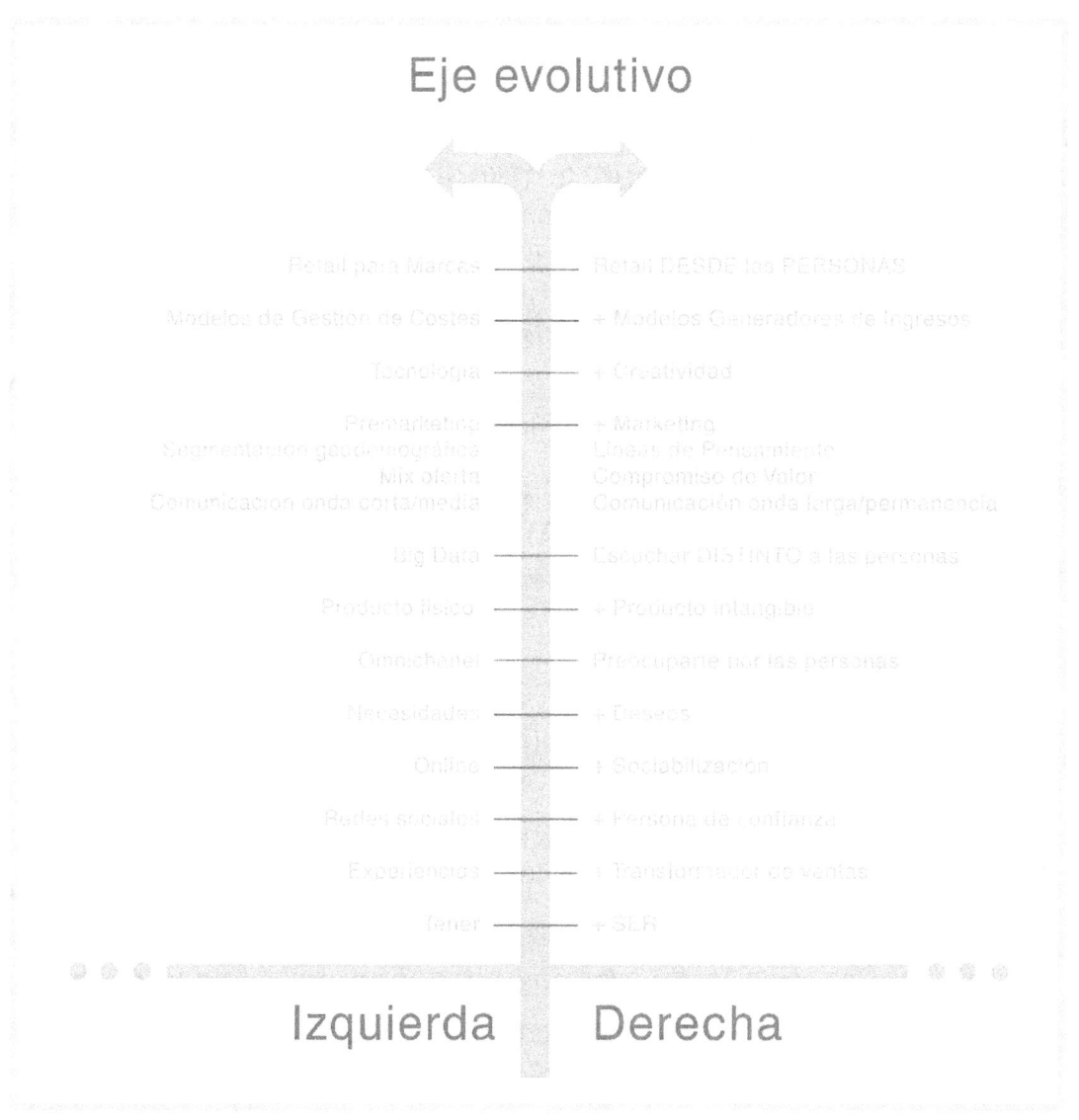

CAPÍTULO 16.- LA ERA DE LA CREATIVIDAD Y LA REVOLUCIÓN DE LA HUMANIDAD

Es muy importante, antes de comenzar, tomar conciencia de que las 5 mayores empresas del mundo, Apple, Amazon, Microsoft, Google y Facebook, son todas norteamericanas y venden tecnología y online. Son, a su vez, los que hoy en día crean la opinión pública habiendo tomado la posición que hasta ahora tenían, de forma exclusiva, la Tv, la radio y la prensa escrita, que son de las industrias más directamente afectadas por la aparición en escena de estas nuevas dominantes, razón de su contracción.

Esto nos debe hacer conscientes de que estas empresas hacen lo que todas las empresas, hablar de las bonanzas de su producto y tratar de vender lo máximo posible, para lo que se invierte mucho en publicidad. Así pues, ellas en su legal y sano ejercicio de su actividad, al ser a su vez quienes crean la opinión pública en su actividad de promoción de sus productos, han creado una gran, inmensa y gigante burbuja tecnológica, como la que pocas veces antes hemos visto en la historia de la economía moderna.

Nadie es consciente de esto, pero la curva de vida de la línea de pensamiento de la tecnología y el online está en lo más alto de su burbuja, a menos de diez años de que se ponga en evidencia que les hemos dado más valor del que realmente tienen, y entonces será cuando se produzca la contracción y caída de esa burbuja. Esa caída tendrá consecuencias muy graves sobre la cotización de estas empresas, su tamaño y la red logística y de inmuebles que están ocupando y que han hecho bascular el sector inmobiliario, ahora, en la compra de activos para dar servicios a este tipo de empresas, igual que pasó en la anterior era global donde se sobre invirtió y se creó una burbuja en precios de los centros comerciales y locales comerciales, destino de marcas de moda y global.

Para que nos hagamos una idea de qué dimensiones tiene actualmente la burbuja de la línea de pensamiento del online y la tecnología, Google ha difundido que está creando un robot con sentimientos.

Esto nos da una dimensión clara de que quienes gobiernan estas industrias saben mucho de tecnología, pero poco o nada sobre el ser humano. Si esta era en la que estamos es la era de la creatividad y esta revolución que vivimos es la de la humanidad, cuando la burbuja de estas empresas caiga, quedarán además en una situación muy dañada para poder crear valor económico mas allá del precio, ya que no están incorporando a sus empresas el factor más decisivo para crear riqueza, que es el factor humano.

¿Robots con sentimientos?

Durante el último siglo, los investigadores han recibido miles de millones de dólares para investigación y aún no han sido capaces de curar una sola enfermedad mental, síntoma de lo compleja que es la mente humana, y posiblemente síntoma de que a esa línea de investigación le falta algo muy relevante por sumar. Hoy existen importantes neurocientíficos, grandes maestros de los que tanto tenemos que aprender sobre la mente humana, desde el premio nobel Eric Kandel hasta el conocido Antonio D'Amasio, a quienes recomiendo leer para aquellos que quieran saber qué es una emoción y un sentimiento.

Bueno, pues tras 100 años, a pesar de los miles de

millones de dólares de inversión en investigación que han recibido, no han sido capaces de definir qué es un sentimiento y una emoción, es decir, que no saben lo que es.

Antonio D'Amasio, uno de los maestros de los que tanto he aprendido, explica muy bien la evolución desde la vida unicelular, el sistema nervioso, el cerebro más primario, hasta llegar a acercarse, en su búsqueda, a qué es un sentimiento, una emoción y cómo funciona la mente humana. Pero todo su trabajo, inmenso y extraordinario, que tanto nos enseña, está obsesivamente centrado en definir la mente bajo el precepto de que es algo físico. En su investigación, va poco a poco descendiendo, capa a capa, a organismos cada vez más diminutos en nuestro cerebro, en busca de la explicación de cómo funciona nuestra mente, los sentimientos y las emociones, para terminar con su famosa teoría de los marcadores somáticos. Bueno, pues sin darse cuenta, Antonio D'Amasio ha llegado ya al final de su investigación, porque en la búsqueda de la explicación del cerebro, las emociones y los sentimientos ya no da para más el universo físico y material. Ha llegado justo al punto donde le toca hablar y entrar a estudiar el inconsciente de la mente humana, pero elude una y otra vez introducir esta parte de la ciencia como parte fundamental, y se pierde en un bucle.

Y, ¿por qué? Pues precisamente porque la parte más importante de la mente humana no está contenida en ninguna neurona o célula. No es física. Está en el aire, en la relación entre nosotros, porque no existen los individuos, somos parte de un todo y, por tanto, lo que sucede en esa parte física está sobredeterminado por la acción con otros, está por producirse, es y no es a la vez. Es decir, la parte más importante de la mente humana no existe, no es física, está entre nosotros.

Porque somos un ser social, por eso el ser humano enloquece cuando lo aíslas del contacto físico con otros seres humanos y, al eliminar ese contacto, nos falta nuestra parte más equilibrante. Esto me lleva a añadir que lo que mayor locura causa a los locos, es encerrarlos en psiquiátricos, porque aumentan el aislamiento de su parte más importante, los otros. Esto debería, como sociedad, replantearnos muchas cosas.

Al llegar al final de la investigación de Antonio D'Amasio, no puedo evitar pensar cómo seria si a su investigación como neurocientífico sumáramos el conocimiento de otro gran maestro de la mente humana, a alguien como el Doctor Miguel Oscar Menassa. ¿De qué serían capaces? Pues creo que de llegar muchísimo más lejos de donde ha llegado la ciencia actual sobre la comprensión del ser humano y de su mente, y a dar solución a muchas preguntas que rodean la capacidad, pero también a curar enfermedades mentales, algo de lo que hasta ahora la neurociencia ha sido incapaz.

Es como la incongruencia del finito o el infinito de Einstein, que decía: "Dos cosas son infinitas, la estupidez humana y el universo, y no estoy seguro de lo segundo". Esta frase, para mí, es más profunda de lo que parece, Einstein venía a decirnos, en mi opinión, que ambos son ciertos a la vez, es finito e infinito a la vez, coexisten.

Es decir, que hay cosas que el ser humano jamás llegará a ser capaz de explicar, porque están fuera por completo de nuestra capacidad de comprensión, una es el origen del universo y otra es el alma humana. Qué decir sobre reproducirla en una máquina que sienta y tenga emociones. Para mí, mirar al infinito o finito del espacio, es como mirar al infinito o finito del interior de los seres humanos, no tiene fin y tiene fin a la vez, no existe un principio y un Big Bang, y sí a la vez.

Bueno, pues la sociedad está convencida de que la tecnología va a hacer cosas increíbles, robots que tienen sentimientos, ordenadores que se hablan entre sí y maquinan para destruirnos, que demuestran que estamos en una gran burbuja de la tecnología y del online.

Esa noticia que apareció, y que personas tan ilustres e intelectuales han creído a pies juntillas, de que en una investigación de una empresa tecnológica con robots descubrieron, para su sorpresa, que dos ordenadores se estaban hablando y comunicando a espaldas de los investigadores, despertó la sorpresa y temor de éstos, ya que no estaban programados para ello. Los tuvieron que desenchufar rápidamente ante el temor de que no pudieran controlarlos. Esto, en mi opinión, no es una muestra de que los robots nos pueden hacer mal, es sólo una muestra de que esos técnicos ni siquiera sabían qué es lo que habían creado ellos mismos. Me habla de la limitación de quienes crean la tecnología, no de la capacidad de los robots.

Creo que esa burbuja tecnológica nos está desviando de donde hay que poner realmente el foco, y es que no estamos usando la tecnología para lo que realmente sirve porque estamos embarcados en una disputa intelectiva, sobre si los robots acabarán con el ser humano y si son o no una amenaza para nosotros. Primero asumamos que no vamos a construir máquinas perfectas, simplemente porque están construidas por nosotros, y somos imperfectos.

Los robots no sólo no van a ser una amenaza, sino que van a reemplazarnos precisamente en casi todos los trabajos feos, tristes y mecánicos que durante la revolución industrial ocupó el ser humano. Esto va a liberar muchos recursos humanos, que tendrán que emplearse en otros puestos de trabajo donde los ordenadores y robots estén totalmente incapacitados de por vida, y estos son precisamente las humanidades y la creatividad. Así es como nos vamos a ir liberando de muchas líneas de pensamiento que se crearon durante la revolución industrial y que ya se están desmoronando, y por eso vemos tantos cambios a nuestro alrededor y sentimos que todo va muy rápido.

Vamos a ver cómo las profesiones mejor retribuidas y más valoradas serán las humanidades y la creatividad. Esto provocará, a su vez, una de las mayores transformaciones imaginadas en la forma de entender la educación, la formación y el trabajo.

Durante la revolución industrial, interesaba tener mucha mano de obra barata para trabajos mecánicos. Eso implicaba una mano de obra que no pensara por sí misma, sino que siguiera las instrucciones al dedillo de la cadena de montaje. Eso, de forma inconsciente, nos llevó a crear una educación en la que inconscientemente no interesaba fomentar que el ser humano pensara por sí mismo, sino que pensara lo que se quería que pensara y lo ejecutara.

No hablo de maquinaciones, sino de cómo funciona el ser humano. Todos tenemos intereses y, aunque juremos que somos todos piadosos y buenos, guiamos nuestras decisiones inconscientemente por nuestros intereses, bien sean los más primitivos (subsistencia y reproducción) o bien sean nuestros intereses económicos.

Así, a medida que los robots vayan tomando los puestos de trabajo aburridos de las fábricas y la industria porque los harán mejor y más baratos, irán liberando al ser humano de la esclavitud de esos trabajos que nos empobrecen. Se liberará así mano de obra de trabajos industriales para nuevos trabajos creativos.

Los trabajos creativos son algo que sólo puede hacer el ser humano, y las maquinas jamás, jamás, jamás serán capaces de hacer. Esta afirmación, hoy en día, todo el mundo la rebate, bueno, pues eso es otra demostración de que vivimos en la burbuja de la tecnología.

Recordad la vida de las curvas de pensamiento. Por ser seres sociales, cuando una línea de pensamiento se amplifica por alguna razón, por ejemplo, que en el futuro del retail el online mandará o que la tecnología es la que va a marcar la diferencia, todos la siguen sin cuestionarla, haciendo que crezca por encima de su valor, hasta que algo sucede que nos hace darnos cuenta de que le hemos inferido un valor superior al real, y lo hace caer.

Un síntoma para detectar una burbuja es que la sociedad no cuestione una línea de pensamiento.

Como decía, los robots irán tomando (ya lo están haciendo desde hace 15 años) puestos de trabajo industriales, fabriles y mecánicos, liberando por un lado mano de obra y por otra presión sobre las escuelas para producir un perfil de persona y formación específica distinta versada sobre las humanidades.

Iremos viendo, como síntoma de lo que digo, dos cosas. Los trabajos de técnicos relacionados con la robótica y la tecnología cada vez irán mermando más en su retribución, hasta el punto de que la tecnología pase de ser más barata; de producirse en países subdesarrollados por grandes profesionales con mucho menor coste, a empezar a resultar poco a poco que la tecnología se equipara en costes en los países desarrollados con los subdesarrollados, y en algunos casos resultan más baratos. Así la tecnología comenzará de nuevo, como le pasó a las marcas globales y la moda, a competir por precios. Ya lo están haciendo los smartphones y los datos en la nube.

Por el contrario, aumentará la retribución del conocimiento del ser humano y las carreras humanistas, aparecerán nuevas carreras y modelos formativos en escuelas y universidades, cambiará el formato de la formación, y el ser humano vivirá más años, porque pasarán de ejercer un trabajo industrial, que entristece y languidece la mente del ser humano y que es la principal causa de que la esperanza de vida sea de tan sólo 82/84 años, cuando el ser humano puede vivir, dicen, hasta 200 años.

La principal causa de la esperanza de vida son los hábitos de vida y comida, y la forma de pensar que nos sobredetermina, como vimos en las líneas de pensamiento. Y no hay cosa que más afecte a esto, que el tipo de trabajo que uno ejerce. Por otro lado, aquellos que conocen algo el ser humano, saben que la mente y el estado de ánimo son determinantes en la esperanza y calidad de vida y en nuestra longevidad.

El ser humano pasará, como decía, de esos trabajos industriales, tristes que adormecen las mentes, a hacer trabajos creativos, que son fuente de felicidad, crecimiento interior y vida.

Como explicaba en el capitulo del deseo, el deseo es fuente de vida, y cuando uno deja de desear o ser deseado, se apaga y termina por morir. La principal causa de muerte del ser humano, de la que nadie habla, es la jubilación, porque los que se jubilan en esta sociedad de hoy dejan de desear y, cuando uno deja de desear, se nos apaga la ilusión y, cuando uno pierde la ilusión, termina por morir.

Bueno, pues los trabajos creativos generan ilusión y alargan la vida de las personas que trabajan en ese tipo de empresas y sectores. Así que, si aumentan los trabajos creativos y en humanidades al liberarse de las fábricas, aumentará la longevidad y la calidad de vida.

Pero aún nos falta lo más importante de este paso de la revolución industrial a la revolución de la humanidad, en la que ya nos encontramos desde el 2013, y del paso de la era global (los últimos 50 años de la revolución industrial) a la era de la creatividad (en la que ya nos hallamos y no sabemos cuánto durará).

No estamos usando la tecnología aún para lo que de verdad sirve, lo que de verdad permitirá dar a la raza humana uno de los mayores saltos evolutivos que jamás hallamos visto antes. La era de la creatividad va a traer los mayores avances en la felicidad de la raza humana y en su bienestar, dando solución a problemas que hoy nos parecen insalvables.

Preguntas del estilo: ¿Cómo hacer que todos los seres humanos del planeta tengan trabajo? ¿Cómo podemos hacer que todos los seres humanos puedan adquirir los bienes que necesitan y los que desean sin agotar el planeta? ¿Cómo hacer compatible la producción de todo eso para tantos seres humanos, preservando el medioambiente? ¿Cómo conseguir que el ser humano se acerque lo máximo a la esperanza de vida, a 200 años? ¿Cómo curar las enfermedades mentales? ¿Cómo hacer que las personas sean felices? ¿Cómo podemos crear una sociedad más justa? ¿Cómo podemos hacer para que todos los seres humanos tengan acceso a las mismas oportunidades? ¿Cómo acabar con las dictaduras, los abusos, las guerras? ¿Cómo hacer que nuestros ancianos tengan una buena calidad de vida y estén asistidos? ¿Cómo…?

Pues a todas, o casi todas, estas preguntas vamos a ir encontrándoles respuesta a lo largo de la revolución de la humanidad, y algunas las veremos nosotros dentro de la era de la creatividad. Pero para ello es necesario que usemos la tecnología de una forma muy distinta.

Cuando dejemos de centrar el debate sobre falsas cosas que dicen puede hacer la tecnología, como desear, tener sentimientos, emociones, pensar por sí misma a espaldas del ser humano y maquinar y conspirar contra él, poniendo en riesgo nuestra existencia, y que sólo benefician a esas grandes empresas que viven de vender la mayor cantidad de tecnología posible al mayor número posible de personas, podremos ponernos a usarla al servicio del ser humano, para amplificar sus cualidades creativas.

Cualquier ser humano, por ejemplo, Einstein, Antonio D'Amasio, Miguel Oscar Menassa, que produce pensamiento, innovación, lo hace gracias a las personas de las que se nutre a lo largo de su vida. Como Robin Dumbar comenta, nos movemos en grupos de menos de 150 personas entre nuestra red de amistades, me refiero a la red humana, pero en cada momento de su vida no suele interaccionar a la vez, en un mismo momento, con más de 15 personas, de las que se nutre su intelecto.

Todos los que hemos participado en una sesión de braimstorming podemos entender muy bien cómo funciona nuestra mente y eso que explicaba de que la parte más importante de nuestra mente está por producirse entre nosotros.

Todos los seres humanos somos muy muy parecidos, en un 99%, y esto implica tanto los seres humanos de hoy como los de hace tres generaciones o de dentro de tres generaciones. Sólo hay un 1% que nos diferencia, pero ese 1% marca la gran diferencia, es la suma de vivencias particulares y de cómo hemos ido reaccionando cada uno de una forma distinta, y por tanto haciendo aprendizajes distintos, lo que nos hace a todos distintos, especiales y únicos. Pues, durante una sesión de braimstorming, uno dice algo y eso despierta en cada uno de los otros, que tenemos un universo tan distinto del resto, cosas e ideas distintas. Esa idea que la idea de otro despierta en cada uno es, a la vez, una antorcha que inspira al pronunciarla al resto cosas distintas de forma multiplicadora y se suma a la idea que había lanzado el anterior y así se va retroalimentando de unos a otros, llevándonos a ideas más elaboradas y que permiten alumbrar una idea final, resultado de este ejercicio exponencial que bucea dentro de nuestro espacio finito, que se hace infinito entre los otros ya que, aunque dan unas ideas finitas, pueden alumbrar entre ellos ideas infinitas.

Bueno, pues ahora pensemos que vemos la tecnología como la mayor red neuronal artificial, a la que se pueden conectar en tiempo real hasta nada menos que 7.000 millones de personas, dándose ideas las unas a las otras.

La mayoría de las grandes ideas y negocios no son más que ideas muy sencillas de cómo resolver un problema. Por ejemplo, la rueda se inventó al menos 3.500 años antes de Cristo. El ser humano lleva haciendo viajes de placer desde finales del siglo XIX, y no fue hasta casi cien años después, en 1.970, cuando a alguien se le ocurrió la idea tan tonta y sencilla de ponerle ruedas a una maleta para llevarla con facilidad. Pues así es para todo con las ideas.

La idea de alguien en china de cómo solucionar el problema de una plaga en zonas húmedas, que resulta muy sencilla en su concepción para él, pero que le ha llevado a su sociedad 100 años, alumbra a una persona de cómo emplear la misma técnica adaptada a sus siembra en seco, a otra en otro lugar para usarla en zonas húmedas en lugar de para alejar las plagas, para aumentar la producción de insectos y producir mas rápidamente la producción de una sustancia que es un medicamento que cura la vida del hijo del hombre que en China inventó la solución a la plaga inicial.

Imaginaos que mentes como las de Einstein, D'Amasio, Menassa, tú, yo y todos, estuvieran usando internet como red artificial que conecte nuestras mentes a otros miles de millones de mentes, usando nuestra creatividad personal como materia prima para la mente de otros en la resolución de problemas.

Está el ser humano, por tanto, no ante la tecnología como gran generador de avances, sino como herramienta que hace exponencial la creación y creatividad humanas para solucionar problemas desde muy tontos como, ¿cómo doblar la ropa en la maleta para ahorrar espacio en tu viaje? hasta curar una enfermedad que parecía incurable de forma muy sencilla aprendiendo a usar lo que tenemos a mano, y así a todas las preguntas que os hacía al principio.

Por tanto, la tecnología no es la clave ni la que nos dará la mayor evolución que jamás antes hayamos visto en la sociedad, sino que será la creatividad y el ser humano quien lo haga cuando comience a usar la tecnología de nuevo a su servicio, e interconectar nuestras mentes, usándola como la mayor red neuronal artificial.

Estamos ante la puerta de uno de los mayores momentos de prosperidad, creación, felicidad y avance jamás antes visto en la raza humana, que va a ser capaz de resolver problemas de difícil solución, todas esas preguntas, que las máquinas y los robots jamás, jamás, jamás podrán ya que ellos jamás, jamás, jamás, tendrán emociones, sentimientos, creatividad y, lo más importante, deseos.

WALT DISNEY resumió la creencia de que los problemas críticos del mundo pueden y serán resueltos por personas creativas o soñadoras y emprendedoras.

Nosotros, tú que me lees y yo, no veremos resolver todas esas preguntas (sólo algunas) en la primera era, la de la creatividad, que sólo es una parte de la revolución de la humanidad, que no sabemos si durará 100 o 300 años.

O quién sabe, igual estoy equivocado. Igual, si conseguimos antes alargar la esperanza de vida y empezar a vivir más de cien años en nuestra generación, podamos llegar a ver suceder y responder a muchas de esas preguntas que nos parecen imposibles.

Como dije en un speach improvisado en mi fiesta de 50 cumpleaños, mi objetivo es llegar a vivir 130 años, sólo por decir un número. Sobra decir que nadie me creyó y mis amigos se rieron. Yo lo creo posible. Nadie sabe cuánto va a vivir, pero sí sabemos que, si cuidamos nuestros hábitos de vida, lo que comemos, lo que pensamos (ser positivos es fundamental), y qué ejercicio físico y mental realizamos (y esto último lo sobredetermina el tipo de trabajo que uno desarrolla), ya que los trabajos creativos llenan a las personas de energías positivas e ilusión, que como dije es la materia prima del deseo, y éste la fuente de la vida. El deseo es vida en estado puro.

Si entendemos la mente humana, entenderemos que la sexualidad no es en el ser humano algo genital. Todo en el ser humano son funciones. Así, todos los seres humanos tenemos funciones cerebrales que son propiamente masculinas y otras que son femeninas. Tanto hombres como mujeres tenemos una parte masculina y una femenina, si entendemos la sexualidad como algo funcional.

Toda la revolución industrial que ha durado 250 años ha estado basada en algo muy masculino, el dinero, lo económico, la producción. Por eso hemos sufrido en estos 250 años tantísimas guerras, porque hemos fomentado inconscientemente que las mentes, tanto de hombres como de mujeres de todo el planeta desarrollaran más sus funciones masculinas que funciones femeninas. De ahí que la revolución industrial ha estado dominada por la confrontación entre naciones, entre razas, entre ideologías políticas y, por eso, tenemos tantos conflictos entre nosotros y dentro de nosotros mismos, y la política se ejerce entendida como una guerra, una confrontación. No es que la justicia sea lenta, es que sobran abogados y confrontaciones, falta conciliación, que vendrá durante la revolución de la humanidad a sustituir a la confrontación, como potenciador de la creatividad en la solución de problemas.

Sin embargo, durante la era de la creatividad, de forma inconsciente el ser humano va a ir construyendo una sociedad que poco a poco va a estar gobernada por la función femenina, porque la creatividad es la función más femenina a la que pueden acceder los hombres, ya que va de crear. Las mujeres pueden tener hijos, pero la creatividad es la función más femenina que se me ocurra podamos desarrollar como raza. La política y las decisiones estarán versadas en la conciliación en lugar de la confrontación.

Eso va a transformar las partes del cerebro que vamos a trabajar y desarrollar como raza, los tipos de trabajo nuevos, muy femeninos desde el punto de vista de la función (las carreras humanísticas), y de su mano se nos va a abrir una era llena de creación y avances al fomentar nuestra parte femenina, la creatividad, desarrollando partes de nuestro cerebro que nunca antes impulsó la raza humana, y eso nos lleva a una de las eras de mayor felicidad, creación y progreso para el ser humano, desde la función femenina de nuestro cerebro.

Pasamos, por tanto, de la función masculina como dominante para la raza humana de la revolución industrial, a una femenina durante la revolución de la humanidad, que nos va a facultar para algo que aún no hemos desarrollado.

Pero nada de eso podrá comenzar a funcionar mientras sigamos en la burbuja de la tecnología, que creo le quedan 10 años. Sólo a partir del momento en que nos demos cuenta de que esto no va del protagonismo de la tecnología, hasta que no dejemos de creer que la tecnología marcará la gran diferencia y de creer en imposibles como que las máquinas tengan emociones y sentimientos, mientras no toque techo la burbuja de la tecnología en la que nos hallamos actualmente, no podrá comenzar a hacerse multiplicadora esta nueva era de la creatividad.

Veremos cómo el gap que se produjo a partir de mediados del siglo XIX, en el que la tecnología de repente comenzó a crecer a una velocidad tan alta y exponencial, a una velocidad mucho mayor de lo que el ser humano estaba capacitado para absorberla y aprender a usarla, produciéndose un gap que se ha hecho enorme entre tecnología y ser humano. Por tanto, es imposible que la solución esté en más tecnología porque esto aumentaría el gap entre tecnología y ser humano.

Este avance hará evolucionar a las sociedades a una gran velocidad como nunca hemos vivido antes, llevando esta vez no a un crecimiento exponencial de la tecnología, como pasó en el último siglo, sino a un crecimiento exponencial del desarrollo humano e individual, sorprendiéndonos al permitirnos salvar el gap que parecía insalvable para la comprensión del ser humano del desarrollo tecnológico.

Thomas Friedman nos habla de esto en su libro, "La tierra es Plana", y nos comenta cómo ese gap es imposible de salvar. Yo creo que precisamente usar la tecnología al servicio de la creatividad del ser humano, como acabo de explicar, permitirá producir un salto tan grande gracias a hacer exponencial la creatividad de la mente humana, llevando sus miles de pequeñas soluciones a otros lugares, lo que nos va a permitir, como raza, hacer algo que parecía imposible: alcanzar a la tecnología y salvar ese inmenso gap que ahora nos separa.

Por tanto, las soluciones no vendrán de la tecnología ni será ésta la que marque la diferencia en nuestra sociedad o en el retail, sino que será el ser humano el que va a crear las soluciones y quien va a marcar la gran diferencia en esta nueva era, tanto en nuestra sociedad como en el retail.

Una era donde nuestra raza se interconectará en busca del genio que yace dentro de cada individuo y que se agita con trabajo y deseo, en busca de ese 100% de nuestras capacidades que se producen en la interacción con los otros.

Entramos en la era de la creatividad, donde la riqueza de la variedad local trascenderá las fronteras y se transmitirá y nutrirá a la sociedad global, multiplicando así exponencialmente los impactos e interacción de lo aprendido localmente. Esto provocará que las pequeñas empresas, que son las que de verdad innovan, aporten 2/3 de la riqueza, ya que no es casual de que 2/3 de los puestos de trabajo los cree la Pyme en España.

Por eso, lo global y la protección de las empresas globales como clave en el bienestar económico de la sociedad, que ha sido una de las mayores mentiras construidas en nuestras mentes por las líneas de pensamiento de la era global, van a dejar paso a la atomización de las empresas, como forma más relevante de enriquecer las sociedades, no en lo económico, que dejará de ser lo que sobredetermine nuestras sociedades, sino el bienestar social. Se estudiará la riqueza de las sociedades, no por lo económico sino por la felicidad de su sociedad.

El trabajo no es algo que existe en una cantidad determinada y que, por tanto, se ha de repartir, el trabajo es infinito, te pones a trabajar y tienes trabajo, mucho trabajo, el trabajo se construye con trabajo y con deseo. El trabajo cura y alarga la vida, y es esencial en el ser humano, y mucho más si ese trabajo es creativo.

En el retail eso lo viviremos de forma muy tangible, porque la diferencia está en dejar de usar la tecnología de forma equivocada para las empresas y empezar a usarla para las personas y ése será el salto evolutivo del retail, porque no va de máquinas, va de máquinas al servicio de personas, para sociabilizar porque no puede ser de otra forma.

Me toca hablar de sostenibilidad, ya que ahora nos hallamos también, a mi entender, en otra burbuja, la de la sostenibilidad. Todas las empresas están apostando de forma muy fuerte por la sostenibilidad, porque creen que la clave de las ventas va a estar ahí. Yo creo que las empresas, y el retail en concreto, andan poniendo de nuevo el foco en una palabra que será dentro de décadas, pero no es aún monetizable en el gran consumo.

Ahora es el momento de las personas, "Retail desde las personas" he llamado a esta era de la creatividad que vivimos, visto desde el retail. Las personas son la clave, no el planeta. Las personas hemos atravesado por una era en la que lo más importante eran las marcas y las empresas. Nos prometieron el sueño americano y la sociedad del bienestar, y no fuimos felices. Ahora va de las personas, de su bienestar personal.

Por eso las empresas que están intentando monetizar la sostenibilidad no están siendo capaces, porque las personas, cuando nos dan un producto sostenible y tenemos que pagar mas por él, elegimos el más barato.

Por lo único que ahora estamos dispuestos a pagar más es por nuestro bienestar. Es el momento de las personas, nuestra era, aún no es la era de la sostenibilidad. Llegará, sí, pero llegará después de la de las personas, la de la creatividad, y por tanto sólo puedes monetizar sostenibilidad en el retail ahora si lo asocias a través del bienestar de las personas.

Hay unas pocas marcas que son excepciones, como Patagonia o Ecoalf (una empresa madrileña) que nacieron siendo sostenibles, pero el resto de empresas que ya existían antes y ahora quieren sumarle sostenibilidad y monetizarlo, no pueden aún.

Porque, entre otras cuestiones, sin darnos cuenta, inconscientemente, mientras unos hablan de la sostenibilidad, las personas tenemos claro que quienes nos hablan de sus esfuerzos por ser sostenibles, lo hacen en muchos casos para vendernos más productos. Así no es posible que nuestra raza se tome en serio la apuesta por la sostenibilidad, porque hay una línea de pensamiento dominante aún que nos habla de conquistar el espacio y poder habitar otros planetas. Eso, inconscientemente, nos está haciendo creer que hay una opción de escapar de aquí, si este planeta se marchita del todo, y por eso toda la sociedad, a través de los millones de pequeñas decisiones que tomamos con nuestras decisiones de compra, no habla de que sea el momento de la sostenibilidad.

La prueba de que esas líneas de pensamiento aún son muy fuertes en nuestra sociedad es que tres de los empresarios mas ricos del mundo, Richard Branson, Jeff Bezos y Elon Musk, están destinando cantidades ingentes en lanzar cohetes al espacio compitiendo por su conquista. Detrás de ellos, está el dinero de la industria financiera prestándoles la financiación para acometer esta aventura, porque nuestra sociedad aún se halla buscando fuera, pensando que podremos vivir en el espacio. Mientras esta línea de pensamiento tenga tanta fuerza en las sociedades más desarrolladas, no podrá dar paso a la cuarta herida narcisista, de cuya mano se podrán hacer económicamente sostenibles, en nuestra sociedad, empresas y el retail a través de los productos, la sostenibilidad.

La industria del retail está toda apostando por la sostenibilidad, y esta vía de negocio es aún, y seguirá siéndolo durante mucho tiempo, muy pequeña y sólo tiene lugar para unos pocos, como mencioné antes con Patagonia y Ecoalf, que van a estar entre las empresas y marcas más ricas, protagonistas del retail.

Así, creo que vamos camino de la cuarta herida narcisística para el ser humano. Según aprendí de mis maestros, Miguel Oscar Menassa y Magdalena Salamanca, el ser humano pasó por tres heridas narcisistas.

Antes, el ser humano, en su narcicismo, creía que era el centro del universo, que todo giraba en torno nuestro. Así pensábamos hasta que llegó Copérnico para infligirnos la primera herida narcisista al ser humano, al hacernos ver que el sol no giraba alrededor de la tierra, si no que era la tierra la que giraba en torno al sol.

Luego llegó Darwin, para infligirnos la segunda herida narcisística, al hacernos ver que no éramos la especie elegida de Dios, sino una más de las múltiples especies, y que todas proveníamos de un mismo tronco común del que habíamos ido evolucionando a lo largo de millones de años.

Y al fin llegó la tercera herida narcisística, de la mano de Freud, cuando nos hizo ver que no gobernábamos nuestras decisiones, que lo que nos gobernaba era algo que desconocíamos, que era el inconsciente.

Pues yo creo que, en esta era de la humanidad, vamos camino de la cuarta herida narcisística. Será después de intentar conquistar el espacio y fracasar, llegará un momento en que la raza, como tal, entenderá y aceptará que no podremos llegar a habitar otro planeta, al menos en el tiempo necesario antes de que el planeta en el que vivimos se agote con nuestro estilo de sociedad y nuestras líneas de pensamiento dominantes, aún muy alejadas de hacer monetizable, y por tanto viable, la sostenibilidad.

Cuando nos demos cuenta de que la conquista del espacio no es posible, ni habitar en otros planetas, ni siquiera en marte, entonces sufriremos la cuarta herida narcisística. Y por habitar me refiero a dormir y vivir, generación tras generación y reproducirnos bajo ese nuevo ambiente, perdiendo todo abastecimiento de la Tierra.

Consistirá en darnos cuenta de que, si tenemos que elegir entre la raza humana y el planeta, el planeta es más importante que la raza humana, porque es la fuente de la vida, sólo en él podemos existir y reproducirse la vida. Será aceptar que el planeta es, para la raza humana, más importante que la propia raza humana. Que no podemos seguir poniéndolo a nuestro servicio y arbitrio, que sin él no hay vida para la raza humana ni la habrá nunca y, sin embargo, sin nosotros seguirá existiendo vida en el planeta. Que la Tierra es la vida, y nosotros no podemos existir si ella no existe.

Pues, hasta que esto suceda, la sostenibilidad no podrá ser económicamente el epicentro de nuestra actividad en el retail. Así que aquellas empresas que están haciendo fortísimas inversiones en el online, la tecnología y la sostenibilidad, deben vigilar con cuidado no invertir más de lo debido o, de lo contrario, arrastrarán a sus empresas a la quiebra, ya que las inversiones en estas materias tienen un plazo de retorno mucho más lejano del que habíamos pensado, porque le quedan al menos 20 años más para poder ser generadoras de negocio y monetizarse. No será el epicentro del negocio del retail y las empresas en general, hasta dentro de 20, 30 ó 40 años.

EPÍLOGO

En el verano de 2019, mientras dábamos forma a las distintas revisiones del libro con mi amiga, la psicoanalista Magdalena Salamanca, y mi editora Carmen Salamanca, apareció el Covid. En ese mismo momento me di cuenta de que el Covid aceleraba el proceso de evolución que describía en el libro (varios de los artículos fueron publicados en prensa) entonces sentí necesario escribir un capitulo adicional, éste, sobre el efecto del Covid.

El Covid es ese algo inesperado que podía suceder, que mencionaba en el capítulo 12, que podía acelerar los 8 ó 10 años que estimaba para que la burbuja del online tocara su punto más alto antes de contraerse hasta su valor real.

El Covid ha hecho algo impensable al provocar que 7.000 millones de personas, en todos los rincones del planeta y a la vez, hicieran de golpe un aprendizaje que nos habría llevado al menos 10 años, al hacer que sólo pudiéramos comprar por online. Así nos hemos dado cuenta para qué es muy bueno el online y para qué no nos sirve. Nos hemos dado cuenta de que hay cosas más importantes que el precio, por las que merece la pena pagar un poco más, porque tienen más valor.

Ha acelerado el aprendizaje inconsciente que ya habíamos hecho cada uno, antes del Covid, de que el precio importa, pero no es lo más importante, y se ha convertido en un conocimiento consciente. Ha pasado del inconsciente a lo consciente. Lo hemos verbalizado y ahora toda la transformación que habíamos descrito en el libro se acelera.

Hemos visto la desventaja de tener las fábricas lejos, sólo por ser más baratas. Baja el precio y sube el valor en las mentes de todas las personas del planeta.

La palabra proximidad ha aparecido en casi todas las conversaciones, porque inconscientemente estaba ya en nuestras mentes individuales antes del Covid: la importancia de la proximidad. Resulta poético y metafórico que, justo el Covid, haya alejado físicamente a las personas, como a las fábricas, haciéndoles ver que estar próximo a otros podía ser peligroso, para conseguir que valorásemos la importancia de la proximidad entre las personas, y también entre las personas y las fábricas. Obligarnos a alejarnos en contra de nuestra voluntad ha provocado el efecto contrario, despertar el deseo de todos por estar próximos a otros. Valorar la proximidad.

Nuestra compañía había creado un modelo matemático, el Índice TrueBroker (iTB), que mide el valor de los locales comerciales, qué hacen las personas en la ciudad de Madrid y qué cambios afectan a su consumo. El iTB llevaba midiendo, desde el año 2012, cómo las personas en Madrid se estaban yendo a un nuevo tipo de calles, a las que bautizamos calles ZETa, para definir a una nueva tipología urbana; centros comerciales en respuesta a ese cambio en la forma de tomar decisiones de la revolución industrial, que dijimos iban a ser las NUEVAS PROTAGONISTAS en esta nueva era en el consumo de todas las ciudades del mundo. Pues las calles ZETa que teníamos localizadas con nuestro iTB antes del Covid, han sido las que antes han recuperado los peatones y el consumo, al ser las calles con las que más se identifican los locales, en este caso los madrileños, y que representaban la protección de la pequeña comunidad, de lo más próximo.

El Covid también nos ha hecho darnos cuenta del aumento inmenso del tráfico en las ciudades, por los vehículos de empresas de reparto, haciendo más incómodo nuestro día a día en las ciudades. Además, todo el desecho de cajas de cartón y papel de embalaje que generan choca con la nueva línea de pensamiento actual de sostenibilidad.

Todos nos hemos sentido enloquecer un poco, por estar aislados en casa, impedidos del contacto físico con otras personas. Hemos visto lo importantes que la tienda física, el comercio de proximidad, son en nuestra felicidad y salud, y cuánto los necesitamos. Nos hemos dado cuenta de que, en el consumo primario, el online es muy importante y un ganador, pero que en el consumo social no es el camino. Y, respecto a las redes sociales, hemos comprendido que no eran sociales, sino digitales.

El Covid ha acelerado, al hacer muy visible en la vida de cada una de las personas del planeta, todas las grandes capacidades y también las grandes limitaciones del online y la tecnológica.

Toda vez que los demócratas han llegado al gobierno en U.S.A. en mitad del Covid que, como dijimos, iba a ser el pistoletazo de salida para la clase política del mundo, se ha hecho muy visible el riesgo que representan para el estado y el poder político estas empresas-estado, a las que ahora van a comenzar a poner limitaciones, leyes e impuestos. Todo se ha a acelerado para el online.

Aparecerán impuestos municipales, límites en las ciudades sobre las horas en que pueden transitar las empresas de reparto, legislación para los transportes, impuestos por el desgaste de las carreteras, limitaciones horarias, en materia laboral, etc...

Para los políticos se ha hecho muy evidente, durante el Covid, con el propio reparto de las vacunas (ya que, si no se vacuna todo el planeta, no sirve de nada que los países ricos se vacunen), la necesidad de dar más peso a los grandes organismos supranacionales. Esto se refuerza con la lucha contra las empresas-estado, a las que los estados, de forma independiente, por sí solos, no pueden dictar medidas impositivas, límites y vigilancia, si no se hace coordinadamente todos los países a la vez.

Vamos claramente camino de una sociedad mucho mejor. Estábamos en una evolución que el Covid ha acelerado por tres. Todo esto, de golpe y a la vez, provocará una fuerte contracción de la burbuja tecnológica y del online de forma muy rápida.

He querido buscar en internet qué ha publicado la prensa sobre el impacto que el Covid ha tenido en Amazon e Inditex en el año 2020, convencido de que nos daría una pista que reafirmara las conclusiones de nuestra investigación.

Eleconomista.es, el 2 de febrero de 2021, escribió: "Amazon registró en el cuarto trimestre de 2020 unas ventas de 125.555 millones de dólares, un 44% más que hace un año y un nuevo récord de facturación.

Nosotros vemos muy difícil que pueda mantener en el tiempo esa cifra, a la que llegó en una situación anómala teniéndolo todo, en todo el planeta, a su favor. Las ventas del online caerán, lógicamente, con rebote durante el próximo año a algo más por debajo de su nivel pre-Covid y a partir de ahí volverá a subir hasta tocar su techo en otros 3 años, en total 4 ó 5 a contar desde ahora, donde ya comenzará la caída que habíamos predicho antes del Covid, que sufriría en 8 ó 10 años, para caer con fuerza hasta quedar en su lugar de valor real.

El Covid ha acelerado la desaparición, comercialmente hablando, de las calles y centros comerciales de categoría D. También el desplazamiento, a gran velocidad, sobre todo de los locales de grandes dimensiones (más de 500 m^2) ocupados en categorías A por empresas de marcas globales de moda bajo precio, a ubicaciones C, para competir por ser el ganador mundial de la posición global del bajo precio, que se terminarán fusionando con grandes compañías online quedando obsoleto el omnichanel, ya que sólo tendrá sentido real específico para estas empresas globales, que absorberán a otras empresas globales convirtiéndose también en empresas-estado.

Creemos que una de las razones más importantes que está detrás de que Jeff Bezos haya anunciado en febrero 2021 que lo deja y haya nombrado a su sucesor en Amazon, es porque sabe que el negocio va a contraerse mucho y comenzará a sufrir y enfrentarse a momentos complejos.

Modaes.es escribió sobre Inditex: "Inditex en el año del Covid: cae un 28% y desploma su beneficio neto un 70%".

Durante el año de Covid, 2020, en Inditex cayeron sus ventas un 24,5% según la prensa (moda.es), y a la vez redujo sus costes operativos de personal un 24%, y un 74% en arrendamientos operativos, cuando son sus dos principales fuentes de costes, a pesar de que las ventas online aumentaron un 77%. Esto es, para nosotros, la demostración analítica tangible de que el online no es la solución al retail, sólo es un sumando más de la fórmula que necesitamos, pero no marca la diferencia, no multiplica. Porque al n.º 1 mundial de la moda global de precio, con online desde 2008 y los mejores medios a su alcance, le tendría que haber beneficiado que sólo se pudiera comprar en online. Tendría que haber absorbido en su online la venta de muchas tiendas físicas que se hallaban en la calle y que no disponían de online o eran poco reconocibles en la memoria de las personas. Es decir, que, aunque la gente comprara menos ropa porque no salía de casa, deberían haber absorbido el porcentaje de otros, y además Inditex tiene muchas marcas y productos que no son moda pura.

Inditex habría tenido unos resultados récord, si de verdad el online marcara la diferencia, multiplicara, o fuera la siguiente evolución para el retail. Para nosotros ha quedado demostrado que el online es un canal de distribución más, que sustituye a otro ya existente (por eso cierra tiendas Inditex) y de poco valor, ya que sólo suma en el consumo primario y no en el social.

El resultado Bruto de Inditex en el año 2020 retrocedió (siempre según prensa y modaes.es) un 40% y el neto un 70%.

Otra noticia que vimos aparecer durante el Covid en prensa (Cinco Días): "Procter & Gamble liquida su filial española." Los fabricantes de la mayoría de los productos de limpieza que se hallan en los supermercados de todo el mundo son empresas que han pasado, 20 años antes, por lo que van a comenzar a pasar las empresas globales de tiendas físicas, sobre todo de moda bajo precio, en un proceso continuo de ahorro de costes, que es donde seguirán dentro de 20 años esas empresas que apuesten por conquistar la posición global absorbiendo a otros y fusionándose con el online en continua e inacabable búsqueda del ahorro de costes para poder seguir existiendo y absorbiendo a otros.

En TrueBroker, nuestro Departamento de i+i, hizo un estudio durante el Covid en la ciudad de Madrid (en más de 1.200 locales de la mayoría de calles de las dos zonas comerciales Prime de Madrid) para medir desde el 2005, así como en los tres últimos años incluyendo el año de Covid, qué subía y qué bajaba en el retail, o ¿quiénes abríamos o cerrábamos? Hay que tener en cuenta que las empresas tienen una amplia red comercial que van construyendo a lo largo del tiempo, por la que, sin darse cuenta, les van subiendo o bajando las ventas, como reflejo de lo que, inconscientemente, representa en la sociedad, aumente o disminuya en la capacidad de estas empresas por despertar el deseo de las personas. Por tanto, analizar un espectro tan grande en el tiempo nos da una perspectiva clara de las tendencias. El resultado de nuestro "ESTUDIO del retail + IMPACTO del Covid" confirmó con datos las conclusiones de nuestra investigación y además nos sorprendió, al igual que lo hizo el Índice TrueBroker con algún dato inesperado e interesante.

Aquellos que lo deseéis, podéis solicitarnos el ESTUDIO + INFORME, y el resultado mensual del Índice TrueBroker (iTB), que compartiremos encantados y que también podéis hallar en nuestra web y en prensa. Los interesados podéis contactar con Marta si lo deseáis en: mv@truebroker.es

El 15% de las aperturas realizadas durante el año de Covid, fue de empresas relacionadas con la salud y el bienestar personal, cuando nunca antes habían podido hacerse con posiciones prime. Aquí vemos el reflejo de que lo más importante son las personas y el producto intangible, como destacábamos, en lugar de las marcas y el producto físico.

El hecho de que hayamos vuelto a darle relevancia a la palabra proximidad va a provocar una caída muy importante del turismo de larga distancia en todos los países del mundo, lo que provocará que las zonas comerciales de especial afluencia de turistas de larga distancia ya no recuperarán el 100% del consumo y tránsito que tenían antes del Covid. En el caso de Madrid, esta zona es la que hemos llamado "Zona Centro Turística", a la que hemos visto retroceder en el consumo tres meses de golpe, en mayo, al abrirse las limitaciones a la movilidad, cuando debería haber sucedido al revés al aumentar el número de turistas.

Estamos ante el retorno al barrio, al entorno próximo y a

buscar la protección de las pequeñas comunidades. Así, durante el Covid, con el iTB hemos medido cómo, cada vez que las personas nos sentíamos amenazados por el virus, el aumento de contagios o nos daban mensajes que nos asustaban (bien de encerrarnos para no salir o se nos fomentaba el miedo a ser multados por la policía si salíamos), medimos que siempre aumentaba el tráfico en las calles ZETa.

En los Índice TrueBroker (iTB), genéricos de calles, barrios y la ciudad de Madrid, que publicamos gratuitamente para todos aquellos que lo desearan, vimos cómo en los primeros 12 meses bajo el Covid, el consumo en los locales comerciales de la ciudad de Madrid cayó de promedio un (-58%), y los barrios que mejor se comportaron fueron los que designamos como barrios singulares, con un (-43%), ya que son los que mayor número tienen, dentro de ellos, de calles ZETa. Y la zona centro turística fue la que más sufrió de entre las prime, con un (-65%).

De la misma manera, la calle ZETa n.º 1 de Madrid, una calle comercialmente desconocida, ha estado liderando la recuperación durante la mayoría de los meses de Covid, y ha sido de momento la única y primera que ha conseguido varios hitos: recuperar el 100% de sus peatones, tener un consumo un 98% superior al del mismo mes de mayo del 2019 (pre-Covid) y encadenar un trimestre entero con rebotes del consumo en positivo por encima de lo que hacía antes del Covid, superando al resto de las calles A (prime) de toda la ciudad. Es decir, que estamos midiendo qué calles prefieren los madrileños en esta nueva etapa. Pero es que, además, desde el año 2015, estamos midiendo cómo estas calles están aumentando en peatones y consumidores más que ninguna otra calle de Madrid, y que curiosamente son calles con las que los madrileños se sienten identificados y representan la protección de la pequeña comunidad, del barrio.

En nuestra investigación y mediciones durante el Covid, se nos ha revelado otra confirmación de nuestra predicción: que las calles ZETa, en algunos de los meses Covid, tuvieron rebotes técnicos de hasta el 180%. Es curioso que la calle ZETa n.º 1 de Madrid ya ha recuperado el número de peatones pre-Covid, cuando el resto de la ciudad aún está por debajo, y además tiene un multiplicador del consumo más elevado; los dos factores de cuya combinación sale el número de consumidores y el valor comercial de los locales y centros. Esto nos está marcando que el aumento de este nuevo tipo de calles, como consecuencia del cambio en la forma de pensar de las personas, nos llevará a unas calles que quedarán por encima en consumo con respecto a antes del Covid, siendo en las que más se revaloricen las inversiones inmobiliarias y las ventas de sus arrendatarios.

En nuestra investigación del consumo en las calles de las ciudades y de Madrid, el número de peatones equivale en macroeconomía a la masa monetaria, mientras que el multiplicador del consumo es el equivalente de la velocidad del dinero.

En el "ESTUDIO retail + IMPACTO del Covid", medimos una aceleración de casi tres años y medio de la velocidad de rotación de los locales comerciales, que de momento es la única medida que tenemos para estimar cuánto puede haberse acelerado la tocada del techo de la burbuja del online. A esos casi tres años y medio, nosotros le sumaríamos el año de distorsión que ha provocado el Covid (de rebote a la baja del online y al alza de las tiendas) que hemos estimado teniendo en cuenta las mediciones del iTB de la crisis de 2008.

De esta suma, en total, nosotros estimamos que son cuatro años y medio el tiempo que vamos a tardar en ver caer definitivamente la venta online, para no regresar a tocar esos números relativos de peso en el consumo que tuvo el Covid.

Y caerá con mucha fuerza durante varios años hasta posarse en su lugar y posición que, siendo importante, no será la actual y donde quedará fusionado con empresas ganadoras de la era global de lo físico.

Es decir, que el Covid ha disminuido el tiempo que preveíamos que tardaría el online en tocar techo (de 8 a 10 años), y ahora estimamos que pasará a ser de 4,5 años.

En el ESTUDIO hemos medido, en los 3 últimos años incluido el del Covid, cómo bajaban las empresas y marcas globales, la moda, el bajo precio, y cómo subían las empresas nacionales, las iniciativas de empresarios individuales locales, la salud y bienestar personal, la personalización y las empresas con valores o con los que se identificaban las personas de la ciudad.

Del mismo modo, medimos las diferencias entre el periodo 2005 al 2019 y el año del Covid. Si analizábamos qué porcentaje de las aperturas de locales Prime en Madrid habían sido hechas por empresas globales y qué porcentaje por nacionales, las marcas globales cayeron desde el 95% en el 2005 al 45% en el 2009, y en el año de Covid sólo el 16%. Sesgando el análisis por actividad, la moda pasó de hacer el 95% de las aperturas en el 2005, al 27% en el 2019, antes del Covid, y se mantuvo en el 27% en el Covid. Con un matiz adicional negativo: que el 55% de las aperturas hechas por empresas de moda fueron reubicaciones en la misma zona comercial a locales más baratos, y que la moda había representado nada menos que el 40% del total de cierres en los tres últimos años, fractura que se comenzaba a extender a la moda lujo con un 8,65% de los cierres y un 60% de reaperturas. Esto es un síntoma de debilidad y de que ambas industrias, marcas globales y moda, necesitan ayuda de la industria para añadirles valores e intangibles que los conecten con las personas de forma distinta en cada ciudad; pasar de escalables a adaptables.

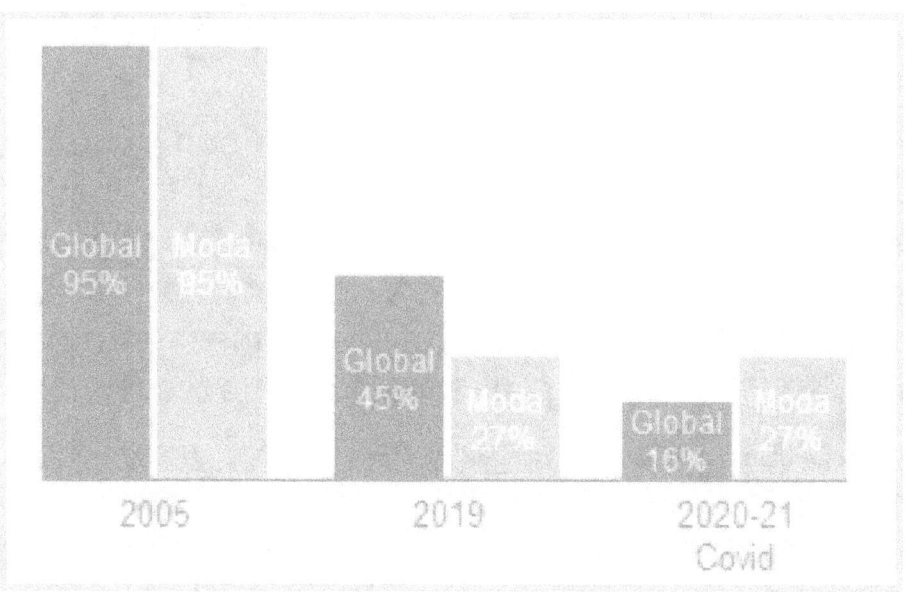

Hemos visto cómo el 56% de las aperturas realizadas por empresas nacionales había introducido alguna innovación a nivel de las personas, mientras para las empresas globales con más medios el porcentaje sólo fue del 18%, lo que muestra que a la empresa local le resulta más fácil conectar con las personas, razón de que estén tomando la ventaja.

Así como me dijo una vez un amigo, experto directivo de un gran fondo de inversión: "La marea va a bajar de golpe y vamos a ver quién estaba en el agua sin pantalones".

Llama la atención que empresas que han invertido tanto en publicitar su compromiso con la sociedad y el medioambiente, habiendo tenido tiempo desde la anterior crisis para hacer una reserva de tesorería con la que afrontar siguientes crisis tan fuertes como la del 2008, han necesitado desde el primer día ayuda económica de los estados. Hemos visto, gracias al Covid, qué empresas eran socialmente responsables y cuáles no, es decir, cuáles solamente eran marketing y publicidad para vender más.

El Covid ha acelerado muchas más cosas de las que podamos imaginar, en la mente de las personas. Ha producido un reseteado y nos ha expuesto a todos a la vista de todos.

Pero, si las empresas globales caen con tanta fuerza y sube en importancia la empresa nacional, el estado del bienestar va a estar en manos de las Pymes y los autónomos de calidad. Si, como creo, la clave de la riqueza va a estar en la capacidad de innovación de las Pymes y autónomos, debería haber habido un plan estratégico de rescate de éstos.

Los países que no tengan una Pyme y unos autónomos de gran calidad e innovadores, dejarán de estar entre los países más ricos y sufrirán una fuerte crisis económica que les dejará lejos del poder y las decisiones estratégicas.

Durante el Covid, el haber propuesto ayudas económicas del 30% a las empresas a cambio de hacer un ERTE, con la condición de dejar de trabajar, ha mostrado la escasez de miras y la falta de comprensión de lo que de verdad le sucede a nuestra sociedad. Debían haber aplicado la medida contraria, poner como condición no sólo seguir trabajando, sino además destinar al menos el 30% del tiempo de los trabajadores a procesos de creatividad e innovación en las Pymes, creando un Plan Específico para las Pymes, los autónomos y los sectores más afectados: el turístico y el comercio minorista local.

La mayoría de las ayudas que se están prestando no se van a recuperar porque están concentradas en empresas que irremediablemente se están contrayendo: las globales.

Un Plan de Ayuda a cambio de procesos de innovación a la Pyme habría generado, en nuestra opinión, dos cosas: el fortalecimiento del estado del bienestar y, además, en el camino de la innovación, por lo que en menos de 5 años el estado habría recuperado todo el dinero inyectado, multiplicado, ya que lo habrían recuperado devuelto en su mayoría por las Pymes que lo habrían podido generar gracias a la innovación producida en sus empresas y, a la vez, multiplicado ese dinero al aumentar la recaudación a través de la renta de las personas y los impuestos de sociedades.

Otra consecuencia peligrosa de poner como condición dejar de trabajar para recibir los ERTES es la posición psíquica en la que han colocado a la sociedad.

Las personas se van a encontrar con liquidez en sus manos y con mucha necesidad y ganas de salir y divertirse, así que ahora va a ser doblemente difícil conseguir que vuelvan al trabajo. Una consecuencia perversa de esta medida es que, a su vez, el fin de la forma de pensar de la revolución industrial ha supuesto un cambio psicológico muy grande en la forma de tomar decisiones. Como bien decían Keynes y muchos otros autores: cómo reaccionan las personas ante una determinada medida económica es lo que hace que unas u otras políticas sean acertadas o no.

Mucho me temo que el cambio en la forma de pensar de la revolución industrial, en la que las personas reaccionaban de una forma muy distinta a como lo hacemos en esta nueva etapa, es la manera como la ciencia económica va a ir descubriendo en los próximos 20 años que necesitamos reinventar la ciencia económica, y una de las cosas que podría suponer es que la gran inyección de dinero, tanto de la Reserva Federal como de la Unión Europea, no va a traernos la respuesta a la que nos tenía acostumbrados.

Justo cuando una de las cosas más difíciles que vamos a tener que hacer en esta nueva etapa es redefinir la palabra TRABAJO que, según el pensamiento inspirado por la revolución industrial, era algo que venía determinado por el empresario y la fábrica, y éstas a su vez por el consumo, cuando en esta nueva era una parte muy importante del trabajo no lo va a fabricar el empresario, sino las personas individuales y su necesidad de crear cosas, no para poder consumir, sino para poder vivir más años y ser felices.

Con Keynes descubrimos que la inyección de dinero, por parte del estado, en grandes planes y una serie de actividades específicas de la actividad económica traía consigo la reducción del paro y el aumento de la inflación. Así se debatía, según el momento, entre elegir mayor inflación o mayor paro.

Creemos que el hecho de haber comenzado ya a cambiar, desde hace 13 años, la forma de pensar de la revolución industrial, va a llevar a las personas por primera vez a responder de una forma distinta a como nos tenían acostumbrados a estas gigantescas inyecciones de dinero. Esa inyección de grandes cantidades de dinero en grandes planes, en lugar de planes pequeños específicos para la innovación entre las PYMES y autónomos, nos va a traer más inflación y más paro a la vez.

Va a aumentar el paro, no porque no haya ofertas de trabajo por parte de las empresas, sino porque la gente no va a querer trabajar. La gente quiere disfrutar, tiene mucho ahorrado y el estado ha inyectado mucho más dinero a la economía, por lo que no van a querer ni les va a interesar, al menos durante los próximos dos años, volver a trabajar, y van a querer disfrutar del tiempo y el dinero porque ahora valoran más otras cosas que el dinero.

A ver cómo les convences ahora, después de premiarles por no trabajar, de que hay que volver a trabajar en lugar de disfrutar del tiempo libre, cuando han sufrido tanto psicológicamente por no haber podido disfrutar de esparcimiento y descanso de calidad. No van a tener prisa por regresar a trabajar, porque tendrán la tranquilidad de que hay trabajo esperándoles al mes siguiente de decidir regresar a trabajar.

Los políticos y gobiernos estaban también envueltos en la burbuja de lo global, y no se han dado cuenta de que aún estábamos en la crisis que comenzó en el 2008, y de que lo que les sucede a nuestras sociedades es el fin en de la revolución industrial y la era global, y nuestra forma de tomar decisiones. Creo que, con estas grandes inversiones en grandes planes, acabamos de crear ya la siguiente crisis, de impacto desconocido, y que en los próximos 20 años iremos viendo todo tipo de dificultades económicas al responder las medidas hasta ahora de una forma distinta y la necesidad de reformular la ciencia económica y las medidas contra las crisis que habían funcionado en la anterior revolución industrial.

La confrontación política, que es una herencia, en el plano político, de la forma de pensar de la revolución industrial, se ha visto que no nos sirve para afrontar los nuevos tipos de problemas a los que se van a enfrentar nuestras sociedades, que ya se han dado cuenta de la manipulación de la información de la clase política. Los gobiernos democráticos, en especial U.S.A., han sentido muy de cerca el peligro del levantamiento de la población contra los gobiernos y cómo, si ésta decide no cumplir más las leyes ante la falta crédito de la clase política, poco van a poder hacer ellos, que están sometidos al escrutinio de la democracia y la opinión pública.

De esta forma, hemos visto cómo el modelo capitalista autoritario de China es más eficiente y eficaz para afrontar el crecimiento económico, lo que significa que los países desarrollados que compiten con el modelo chino van a tener que hacer cambios en su capitalismo y sistema democrático para crear un nuevo modelo capaz de competir con el capitalismo autoritario de China. Los nuevos tipos de problemas, como el Covid y otras situaciones atípicas similares, no son productos de la naturaleza ni de un laboratorio, sino que son hijos de la nueva revolución a la que se enfrenta la humanidad por el fin de la revolución industrial y que vamos a tener que enfrentar como raza.

Esto nos obliga a evolucionar a un nuevo modelo más eficiente, más evolucionado, que posiblemente ya no se llame capitalismo ni democracia, aunque si se llama igual, será irreconocible.

La mayor eficiencia del capitalismo chino aumentará el interés inconsciente de los políticos de los países desarrollados en impulsar la línea de pensamiento de que ya no va sólo del dinero, sino de la felicidad de las personas, para justificar otro tipo de decisiones políticas que nos llevarán a un nuevo modelo. Esto nos empujará hacia lo que Karl Popper llamaba la "sociedad abierta", que no es ni más ni menos que, en lugar de querer que la gente haga lo que los políticos quieran y que piensen como el estado quiere que pensemos para poder controlarnos mejor (que era la educación que necesitábamos en la revolución industrial), con el Covid se ha hecho muy evidente que no podemos poner tantos policías como personas y que sería mejor darles mejor información, más veraz, menos manipulada y enseñar a las personas a pensar por sí mismas y, tras darles la información de lo que sucede, que sean ellas las que decidan.

El asesinato de George Floyd en U.S.A. sirvió de excusa a una población enferma, agotada hasta caer rendida de trabajar obteniendo muy poco bajo el sueño americano y desencantada de su modelo capitalista, para salir y amotinarse en la mayoría de las grandes ciudades del país. Necesitamos un modelo más evolucionado, en esta nueva revolución de la humanidad, si queremos seguir teniendo la posibilidad de ser felices y competir con el modelo chino autoritario al que, si no le anteponemos uno, al menos, igual de eficiente y menos autoritario, supondría que se impusiera el modelo chino en todo el planeta, con la pérdida de derechos humanos y libertades que este modelo impone para funcionar. Sin querer ser un idealista, quiero decir que tenderemos a la sociedad abierta de Karl Popper, pero sin llegar a ello.

El estado, como entidad, está seriamente amenazado por distintos flancos. Por las empresas tecnológicas, la red digital, las grandes empresas-estado, la aparición del Bitcoin, etc…

Lo bonito de todo esto es que estamos ante una clara evolución, para mejor, de la sociedad, gracias a estos retos, y no podemos saber cuál será el resultado final, hay muchas posibles combinaciones y resulta imposible hacer predicciones, porque el ser humano es impredecible, como lo son también cuestiones nuevas por aparecer, y estoy seguro de que hay cosas latentes que yo no he alcanzado a ver aún. Pero, sobre todo, no sabemos cuál será el resultado final, porque va a depender de lo que hagamos cada uno de nosotros y de cómo reaccionemos ante estos retos.

Cada uno de nosotros somos los protagonistas con nuestros actos, hoy más que nunca antes en la historia de la humanidad, de que modelo final sea el nuevo que creemos. También vamos a desandar el camino de esa convicción, de que uno solo no puede cambiar el mundo; puede ser, pero lo importante es que cada uno empiece a tomar decisiones individuales pensando en que puede sumar en cambiar las cosas, otro cambio de la forma de pensar de la revolución industrial.

Por tanto, si el ser humano es impredecible, no aciertan las predicciones, sino que se crea un estado de ánimo y uno de ellos vence e inspira haciendo que la gente crea que va a pasar algo en concreto, y entonces empezamos a tener pequeños comportamientos individuales convencidos de que va a pasar eso que nos han convencido va a suceder, y hacemos que suceda lo que pensamos, por nuestros pequeños actos. Luego es tan fácil como mirar todas las predicciones de todos los colores que se hicieron antes, y se dice que quien las hizo es el mejor predictor y acertó.

Por tanto, está en manos de todos decidir, con nuestros actos, nuestra actitud y predisposición lo que va a suceder. Todo va a depender de nosotros, o mejor debería decir, de ti. Por eso, a ti que me lees, dedico este libro.

BIBLIOGRAFÍA

Abhijitt V. Banerjee y **Esther Duflo**. *Buena economía para tiempos difíciles*. Taurus.

Abhijitt V. Banerjee y **Esther Duflo**. *Repensar la pobreza: Un giro radical en la lucha contra la desigualdad*.Taurus.

Alain Badiouu. *Qué entiendo yo por marxismos.* Siglo Veintiuno editores.

Alex Genadinik. *Event planning. Management & Marketing for successful events*.

Andy Stalman. *Brand off on. El branding del futuro.* Gestión 2000.

Antonio Damasio. *El error de descartes. La emoción, la razón y el cerebro humano.* Booket.

Antonio Damasio. *En busca de Spinoza.* Booket.

Antonio Damasio. *Y el cerebro creó al hombre.* Booket.

Antonio Damasio. *La sensación de lo que ocurre.* Booket.

Antonio Damasio. *El extraño orden de las cosas.* Destino

Antonio Escribano. *Dieta para el cerebro. Cuida y alimenta tu memoria.* Espasa.

Antonio Escudero. *La revolución industrial. Una nueva era.* Anaya.

Antony Welfare. *The retail handbook*. Rethink press.

Bernard Marr. *Big Data*. Teel.

Brad stone. *Jeff Bezos y la era de Amazon.* Anaya.

Bruce Rosenblum y **Fred Kuttner**. *El enigma cuántico. Encuentros entre la física y la conciencia.* Metatemas, Tusquets editores.

Carl Gustav Jung. *Arquetipos e inconsciente colectivo.* Paidós.

Caroline Myss. *Arquetipos.* Estudio ediciones B.

Charles Darwin. *El origen de las especies por medio de la selección natural.* Alianza editorial.

Clayton M. Christensen. *The innovators dilemma*. Harvard business review press.

Clotaire Rapaille. *The culture code*. Crown business.

Clotaire Rapaille. *The global code*. St. Martins press.

Cristina Nuñez Pereira y **Rafael R. Valcarcel**. *El arte de emocionar.* Nube de tinta.

Dale Carnegie. *Como ganar amigos e influir sobre las personas*. Elipse.

Dan Ariedly. *Predictably irrational*. Thorsons.

Dan Ariedly. *Las ventajas del deseo*. Ariel.

Daniel Goleman - Richard Boyatzis - Annie Mckee. *El lider resonante crea más*. Debolsillo.

Daniel Kahneman. *Pensar rápido, pensar despacio*. Debolsillo ensayo.

Daniel López Rosetti. *Emociones y sentimientos*. Ariel.

David Meerman Scott. *The new rules of marketing & PR.* Wiley.

Douglas Van Praet. *Unconscious Branding. How neuroscience can empower marketing*. St. Martin's Griffin.

Eckhart Tolle. *Un nuevo mundo ahora. Encuentra el propósito de tu vida.* Debolsillo.

Edward de Bono. *El pensamiento lateral. Manual de creatividad*. Paidos.

Edward de Bono. *Creatividad*. Paidós.

El tao de Warren Buffet & David Clarck. Alienta editorial.

Elena Alfaro. *El ABC del shopping experience*. Wolters Klumer.

Elena Alfaro. *ABC del customer experience*. Elenaalfaro publicaciones.

Eric R. Kandel. *La era del inconsciente. La exploración del inconsciente en el arte, la mente y el cerebro*. Paidós

Eric R. Kandel. *La nueva biología de la mente. Qué nos dicen los transtornos cerebrales sobre nosotros mismos*. Paidós.

Eric Ries. *El método lean startup*. Deusto.

Erwin Sctodinger. *¿Qué es la vida?* Tusquets.

Ferrán Ramón-Cortés. La isla de los 5 faros. Booket.

Francisco Alcaide. *Aprendiendo de los mejores*. Alienta editorial.

Francisco J. Rubia. El cerebro nos engaña. Temas de hoy.

Gary Vaynerchuk. *Hazla en grande*. Aguilar.

George Soros. *The Tragedy of the European Union. Desintegaryion or revival*. BBs Public affairs.

George Soros. El nuevo paradigma de los mercados financieros. Taurus.

George Soros. *La crisis del capitalismo global. La sociedad abierta en peligro*. Temas de debate.

Gerald Zaltman. *Cómo piensan los consumidores*. Empresa activa Nuevos paradigmas.

Gerald Zaltman - **Lindsay Zaltman**. Marketing Metaphoria. Harvard business press.

Hank Trisler. *No hay ventas malas*. Plaza & Janes editores.

Isabelle Szmigin & **Maria Piacentini**. *Consumer behaviour*. Oxford.

J. M. Keynes. *Teoría General de la ocupación, el interés y el dinero*. EFE.

Javier Alonso. *Historia de un éxito: Mercadona. Las claves del triunfo de Juan Roig*. Conecta.

Jeff H. Dyer - **Hal B. Gregersen** - **Clayton M. Vhristen**. *El ADN del innovador*. Deusto.

Jim Thomas. *Negociar para ganar*. Gestión 2000.

Joaquim Deulofeu Aymar. *Gestión de calidad total en el retail*. Pirámide.

Jon Keynneth Galbraith. *El crash de 1929*. Ariel.

Jorge Zurita. *Cómo lanzar un negocio de organización de eventos.*

Josep Piqué. *Cambio de era. Un mundo en movimiento: de norte a sur y de Oeste a Este*. Deusto.

Joseph E. Aoun. *Robot - Proof*. The MIT Press.

Juan Carlos Burruezo García. *La gestión del comercio minorista. El enfoque práctico de las tiendas de éxito*. Esic.

Juan Carlos López Quintero. El marketing de afiliación. Gurubooks.

Karl R. Popper. *La sociedad abierta y sus enemigos*. Paidós.

Keith Ferrazzi - Tahl Rz. *Nunca comas solo*. Profit editorial.

Leopoldo Abadía. *La hora de los sensatos*. Espasa.

Leopoldo Abadía. *La crisis ninja y otros misterios*. Espasa.

Leslie Greenberg. *Emociones: una guía interna*. Serendipity.

Magdalena Salamanca Gallego - Virginia Valdominos Pastor. *Progresar es fácil. Lo difícil es soportarlo*. Editorial Grupo Cero.

Magdalena Salamanca Gallego - Virginia Valdominos Pastor. *La psicología a la luz del psicoanálisis.* Editorial Grupo Cero.

Magdalena Salamanca Gallego - Virginia Valdominos Pastor. *Amor, sexo y dinero. Lo mejor y lo peor*. Editorial Grupo Cero.

Magdalena Salamanca Gallego - Virginia Valdominos Pastor. *La pareja: amor, sexo y ternura.* Editorial Grupo Cero.

Manuel Campo Vidal. *Eres lo que comunicas*. RBA.

Manuel Mira Candel. *Juan Roig, el emprendedor visionario. De cómo Mercadona devino en imperio*. La esfera de los libros.

Marc Vidal. *La era de la humanidad. Hacia la quinta revolución industrial*. Deusto.

Marcos Álvarez. *Cuadro de mando retail*. Profit editorial.

María Fernanda de Morena Afonso. *Viaje por los senderos del color.* Balboa press.

Mark Birkin, Graham Clarke and **Martin Clarke**. *Retail location planning in an era of multi-channel growth.* Routledge.

Martin Lindstrom. *Brand sense*. Free press.

Martin Lindstrom. *Buyology*. Booket.

Martin Lindstrom. *Samll data*. Deusto.

Max Lenderman. *Marketing experiencial*. ESIC.

Max Weber. *La ética protestante y el espíritu del capitalismo*. Ediciones peninsula.

Michael J. Sandel. *Lo que el dinero no puede comprar. Los límites morales del mercado*. Debate.

Miguel de Unamuno. *Del sentimiento trágico de la vida.*

Miguel Oscar Menassa. *Freud y Lacan hablados I*. Miguel Oscar Menassa.

Nicolas Wapshott. *Keynes vs Hayek. El choque que definió la economía moderna*. Deusto.

Norman G. Finkelstein. *Imagen y realidad del conflicto palestino-israelí*. Akal.

Paco Underhill. *El placer de comprar. 24 horas en un centro comercial*. Gestión 2000.

Paco Underhill. *Call of the mall*. Simon & Schuster paperbacks.

Paco Underhill. *Por qué compramos*. Gestión 2000.

Paul Krugman. *¡Acabad ya con esta crisis!* Crítica.

Pema Chodron. *Los lugares que te asustan. Convertir el miedo en fortaleza en tiempos difíciles*. Shambhala.

Peter Sloterdijk. *¿Qué sucedió en el siglo XX?* Siruela biblioteca de ensayo.

Peter Sloterdijk. *En el mundo interior del capital. Para una teoría filosófica de la globalización*. Siruela biblioteca de ensayo.

Philip Kotler - Gary Armstring. *Fundamentos de marketing*. Paearson.

Philip Kotler - Gisuseppe Stigliano. *Retail 4.0*. LIDeditorial.

Pilar Soldevila - Magdalena Cordobes. *Manual de contabilidad de gestión para empresas franquiciadoras y de retail*. Profit.

Richard Branson. *Perdiendo la virginidad*. Alienta editorial.

Richard Dawkins. *El gen egoísta extendido*. Salvat.

Richard H. Thaler - Cass R. Sunstein. *Un pequeño empujón*. Taurus.

Richard Thaler. *La psicología económica*. Deusto.

Rita Carter. *Mapping the mind*. W&N.

Robert Cialdini. *Pre-suasion*. Conecta.

Robien Dunbar. *Grooming, gossip and teh evolution of language*. Harvard university press.

Robin Dunbar. *Human evolution. Our brains and behaviour*. Oxford university press.

Robin Dunbar. *How many friends does one person need?*

Robin Dunbar - **Chris Knight** and **Camilla Powell**. *The evolution of culture*. Rutgers university press.

Roger Ailes. *You are the message*. Crown business.

Roger Iger. *Lecciones de liderazgo creativo*.

Seth Godin. *El engaño de Ícaro*. Booket.

Seth Godin. *Trubus*. Booket.

Seth Godin. *Linchpin*.

Seth Godin. *Todos somos un poco raros. El auge de las comunidades y el fin de lo normal*. Alienta editorial.

Seth Godin. *La vaca púrpura*. Gestión 2000.

Seth Godin. *Esto es marketing*. Alienta editorial.

Seth Godin. *¿Eres imprescindible?* Booket.

Seth Godin. *Hazlo*. Grupo zeta.

Shady Ramadan. *Omnichanel marketing.*

Sigmund Freud. *Psicología de las masas y Análisis del Yo*.

Slavoj Zizek. *Problemas en el paraiso. Del fin de la historia al fin del capitalismo*. Anagrama.

Slavoj Zizek. *El sublime objeto de la ideología*. Siglo veintiuno editores.

Soren Kierkegaard. *Temor y temblor*. Alianza editorial.

Soren Kierkegaard. *O lo uno o lo otro*. Editorial Trotta.

Stephen Hawking y **Leonardo Mlodinov**. *El gran diseño*. Crítica.

Steven D. Levitt - **Stephen J. Dubner**. Super freakonomics.

www.editorialdebate.com

Steven Pinker. *El instinto del lenguaje*. Alianza editorial.

Steven Pinker. *How the mind works*. Penguin psycology.

Steven pressfield. *La guerra del arte. Rompe las barreras y vence tus batallas creativas internas.*

Susan Greenfield. *Mind change*. www.riderbooks.co.uk

Svend Hollensen - Philip Kotler - Marc Oliver Opresnik. *El marketing en redes sociales*. Opresnik.

The secret of successful events. *The event professional's handbool*.

Theodore Levitt. *Marketing myopia*. Harvard business review classics.

Thomas Friedman. *Gracias por llegar tarde. Cómo la tecnología, la globalización y el cambio climático van a transformar el mundo los próximos años*. Deusto.

Thomas Friedman. *La tierra es plana*. mr ediciones.

Thomas J. Stanley - Willian D. Danko. *El millonario de la puerta de al lado*. Ediciones obelisco.

Travis Bradberry - Jean Greaves. Inteligencia emocional 2.0. Conecta.

Vaclav Smil. *Growth, from microorganisms to megacities*. The mit press.

Esta obra se terminó de realizar
por Gráficas Pinares
el 13 de septiembre de 2021.

www.ingramcontent.com/pod-product-compliance
Lightning Source LLC
Chambersburg PA
CBHW082105220526
45472CB00009B/2050